AF384931

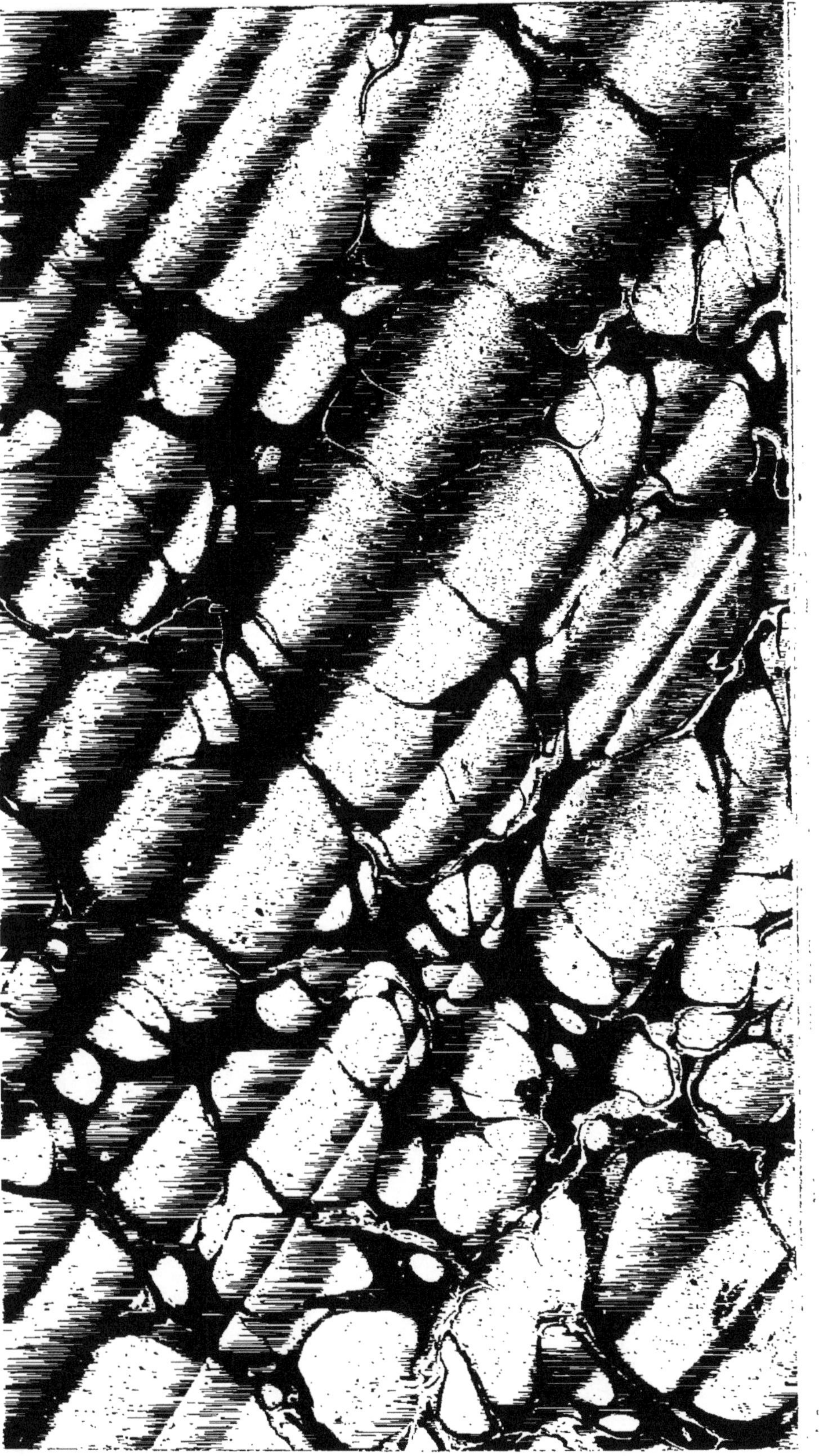

X

X

27899

TRAITÉ

DE

LA PONCTUATION.

AUTRES OUVRAGES DU MÊME AUTEUR.

LES PREMIÈRES NOTIONS DE LA GRAMMAIRE FRANÇAISE, ou Exercices sur les Parties du Discours, ouvrage utile à tous les élèves qui commencent à écrire, et qui sont en état de copier. 1 fr. 50 c., et 2 fr. franc de port.

GRAMMAIRE FRANÇAISE ÉLÉMENTAIRE, ouvrage à la portée de toutes les personnes qui n'ont aucune notion des principes de cette langue. Huitième édition. Prix: 1 fr. 50 c., et 2 fr. 10 cent. franc de port.

ANALYSE GRAMMATICALE, suivie d'un abrégé d'Analyse logique. Même prix.

TRAITÉ DE LA CONJUGAISON DES VERBES, ouvrage qui peut servir de supplément à la plupart des grammaires élémentaires qui ont paru jusqu'à ce jour. Onzième édition. Prix: 1 fr. 25 cent., et 1 fr. 5o cent. franc de port.

TRAITÉ DES PARTICIPES, Quinzième édition. Prix: 1 fr. 25 cent., et 1 fr. 60 cent. franc de port.

CONCORDANCE DES TEMPS DES VERBES, et particulièrement des temps du subjonctif, huitième édit. Même prix.

CACOGRAPHIE rangée dans un nouvel ordre, ou Exercices sur l'Orthographe, la Syntaxe, et la Ponctuation. Cinquième édit. Même prix.

CORRIGÉ de la Cacographie. Même prix.

VOCABULAIRE DES HOMONYMES FRANÇAIS. Seconde édition 2 fr. 50 cent., et 3 fr. 25 cent. franc de fort.

ÉLÉMENTS D'ARITHMÉTIQUE, ouvrage divisé en six parties, dans l'ordre suivant: *Calcul des nombres entiers, Calcul des Fractions, Calcul des nombres complexes, Calcul des Fractions décimales, Proportions, Solutions de plusieurs problèmes.* Seconde édit. 1 vol. in-12. 2 fr. 50 cent.

LOTTIN DE S.-GERMAIN, IMPRIMEUR, RUE DE NAZARETH, N°. 1.

TRAITÉ

DE

LA PONCTUATION,

CONTENANT

PLUS DE QUATRE CENTS EXEMPLES

DIVISÉS EN DOUZE CHAPITRES;

PAR E.-A. LEQUIEN,

AUTEUR DU TRAITÉ DES PARTICIPES ET DE PLUSIEURS AUTRES OUVRAGES DE GRAMMAIRE.

HUITIÈME ÉDITION.

PRIX: 1 FR. 25 CENT.

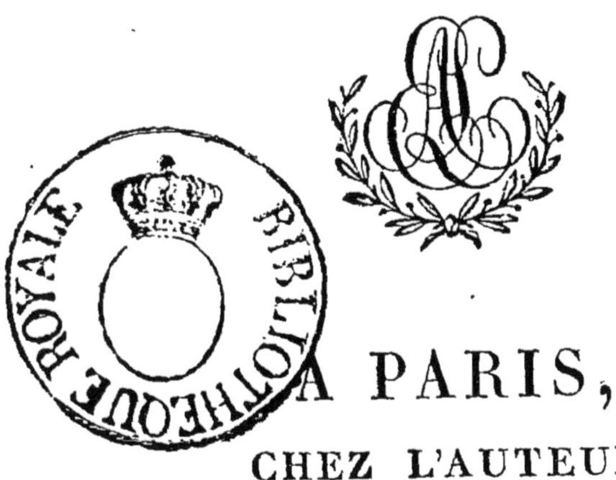

BIBLIOTHÈQUE ROYALE

A PARIS,

CHEZ L'AUTEUR,

RUE SAINT-ANDRÉ-DES-ARTS, N°. 68.

1831.

PRÉFACE.

Cent personnes qui auront étudié la grammaire dans cent ouvrages différents feront toutes accorder l'adjectif avec le substantif, le verbe avec son sujet, le participe avec son régime, etc. ; mais cent personnes qui auront étudié la ponctuation dans le même traité ne ponctueront certainement pas douze pages de suite de la même manière : cela est presque impossible.

J'ai lu dans un ouvrage qui a pour titre, *Morceaux choisis de Buffon*, son discours de réception à l'académie française ; j'ai lu le même discours dans le premier volume des *Leçons de Littérature et de Morale*, de MM. *Noël et Delaplace* : j'ai trouvé *soixante-douze* passages ponctués différemment dans douze petites pages d'impression.

J'ai lu les quatre premiers alinéa de l'oraison funèbre du prince de Condé, par Bossuet, dans l'édition de M. Didot ; je les ai lus dans l'édition de M. Renouard : j'ai trouvé *quatre-vingt-dix* passages ponctués différemment.

La meilleure de ces deux ponctuations n'est pas sans défauts ; mais certes l'une vaut mieux que l'autre.

J'ai comparé le premier livre de Télémaque, édition stéréotype de M. Didot (à peu près quinze petites pages d'impression), avec le même livre, édition de 1775, deux volumes in-12 : j'ai trouvé *cent soixante-treize* phrases ou membres de phrases ponctués différemment.

J'ai comparé ce même premier livre de Télémaque, édition de M. Bossange, un volume in-12, avec l'édition stéréotype de M. Didot ; j'ai trouvé *deux cents* phrases ou membres de phrases ponctués différemment.

On serait tenté de croire, d'après cette comparaison, que les deux éditions in-12 sont ponctuées à peu près de la même manière, puisque la ponctuation du premier livre de ces deux éditions, comparée à la ponctuation du premier livre de l'édition stéréotype de M. Didot, la différence est à peu près la même; cependant, après avoir comparé entre elles les deux éditions in-12, j'ai trouvé, toujours dans le premier livre, *cent soixante-treize passages ponctués différemment.*

On peut assurer à présent que si le premier livre de Télémaque était donné sans ponctuation à dix personnes également instruites, chargées de le rendre ponctué, on n'en trouverait pas deux dans les dix dont la ponctuation fût semblable.

Pour preuve, j'ajouterai ici l'un des plus beaux morceaux de Buffon, et par conséquent l'un des plus beaux morceaux de la prose française; c'est le premier alinéa de l'histoire naturelle du cheval. Ce superbe morceau, qui n'a pas besoin de ponctuation pour être lu sans peine et avec plaisir, paraît, par cela même, devoir être bien facile à ponctuer; cependant, dans neuf éditions, j'ai trouvé neuf ponctuations différentes. Voici cet alinéa sans aucun signe de ponctuation :

LE CHEVAL.

La plus noble conquête que l'homme ait jamais faite est celle de ce fier et fougueux animal qui partage avec lui les fatigues de la guerre et la gloire des combats aussi intrépide que son maître le cheval voit le péril et l'affronte il se fait au bruit des armes il l'aime il le cherche et s'anime de la même ardeur il partage aussi ses plaisirs à la chasse aux tournois à la course il brille il étincelle mais docile autant que courageux il ne se laisse point emporter à son feu il sait réprimer ses mouvements non seulement il fléchit sous la main de celui qui le guide mais il semble consulter ses desirs et obéissant toujours aux impressions qu'il en reçoit il se précipite se modère ou s'arrête et n'agit que pour y satisfaire c'est une créature qui renonce à son être pour n'exister que par la volonté d'un autre qui sait même la prévenir qui par la promptitude et la précision de ses mouvements l'exprime et l'exécute qui sent autant qu'on le desire et ne rend qu'autant qu'on veut qui se livrant sans réserve ne se refuse à rien sert de toutes ses forces s'excède et même meurt pour mieux obéir.

Voici maintenant les neuf ponctuations différentes que j'ai trouvées dans les neuf ouvrages
où j'ai lu ce morceau :

1° *Édition in-4°, imprimerie royale, 1753 :*

; ,,,, ; ,,,,, ; ,,,,,,,, ; ,,,,,,,, .

2° *Édition in-12 , imprimerie royale, 1759 :*

, ; ,,,, : ,,,,, ; ,,,,,,,, : ,,,,,,,, .

3° *Édition de 1804, onze volumes in-8° :*

, . , ; ,, : ,,,, ; , ; , ; ,, ;; ,,,,, : , ; , ; , ; , ; ,,, :

La différence n'est pas très grande entre les signes
de la première ponctuation et ceux de la seconde ;
mais quelle différence entre les signes de la troisième ponctuation et ceux des deux premières !

4° *Édition de Saugrain, soixante-seize volumes in-18 :*

,, : , ; ,,,, . ,, ; : ,,,,,, : , ; , ; ,, ; , ; , ; ,,,,, .

5° *Morceaux choisis de Buffon :*

: ,,,,, : ,,,,, ; ,,,,,,,, : ,,,,,,,,, .

6° *Morceaux choisis de Buffon , seconde édition :*

: ,,,,, : ; ,,,, ; , ,, : ,,,,,, : ,,,,,,,,,, .

7° *Leçons de Littérature et de Morale , seconde
édition :*

, : , ; ,,,, . ; ,,,, ; ,, ; ; ,,,, . ,,,, ; , ; ; ,,, .

8° *Même ouvrage , troisième édition :*

, : , ; ,,,, ; : ,,,, ; , ,, ; ,,,,, . ,,,, ; ; ; ,,,,, .

9° *Cours de Littérature française , quatre volumes
in-8° :*

,, . ,,,,, : ; ,,, ; ,, : , ; ,,,,, . , ; , ; , ; ,,,,, .

D'où peuvent venir toutes ces différences, sinon
des différentes maisons où ces ouvrages ont été
imprimés ? Chaque imprimeur a son correcteur
d'épreuves ; et autant de correcteurs, autant d'or-
thographes et de ponctuations différentes.

Quant à moi, je crois que ce morceau doit être ponctué ainsi :

LE CHEVAL.

La plus noble conquête que l'homme ait jamais faite est celle de ce fier et fougueux animal (1), qui partage avec lui les fatigues de la guerre et la gloire des combats : aussi intrépide que son maître, le cheval voit le péril et l'affronte ; il se fait au bruit des armes, il l'aime, il le cherche, et s'anime de la même ardeur. Il partage aussi ses plaisirs : à la chasse, aux tournois, à la course, il brille, il étincelle. Mais, docile autant que courageux, il ne se laisse point emporter à son feu ; il sait réprimer ses mouvements : non seulement il fléchit sous la main de celui qui le guide, mais il semble consulter ses desirs ; et, obéissant toujours aux impressions qu'il en reçoit, il se précipite, se modère ou s'arrête, et n'agit que que pour y satisfaire. C'est une créature qui renonce à son être pour n'exister que par la volonté d'un autre ; qui sait même la prévenir ; qui, par la promptitude et la précision de ses mouvements, l'exprime et l'exécute ; qui sent autant qu'on le desire, et ne rend qu'autant qu'on veut ; qui, se livrant sans réserve, ne se refuse à rien, sert de toutes ses forces, s'excède, et même meurt pour mieux obéir.

Pour parvenir à une bonne ponctuation, il faut étudier avec soin des phrases sur la ponctuation desquelles il n'y ait aucun doute, des phrases que personne ne puisse ponctuer différemment, sans prouver une entière ignorance de l'emploi des signes de la ponctuation ; et l'on aura déjà beaucoup fait si, dans un discours, on parvient à ponctuer correctement tous les passages qui ont rapport aux règles générales : l'usage fera facilement le reste.

C'est un recueil d'exemples de cette nature que j'ai eu l'intention de donner en composant cet ouvrage : je souhaite qu'il puisse être de quelque utilité.

---

(1) S'il n'y avait pas en titre, LE CHEVAL, on ne mettrait pas une virgule après *animal*, parceque, ne sachant pas qu'on parle du cheval, la phrase incidente, *qui partage avec lui les fatigues de la guerre et la gloire des combats*, se trouverait déterminative ; ce serait cette phrase qui indiquerait que l'animal dont on parle est le cheval : et dans ce cas la phrase incidente ne doit pas être séparée de la phrase principale. Mais ce mot, *animal*, étant déterminé par le titre, LE CHEVAL, la phrase incidente, *qui partage*, etc., n'est qu'explicative, et doit être séparée de la phrase principale par une virgule. J'aimerais mieux même ne faire aucune attention au titre, et supprimer la virgule après *animal*.

TRAITÉ

DE

LA PONCTUATION.

La ponctuation est l'art d'indiquer dans l'écriture, par des signes reçus, la proportion des pauses qu'on doit faire en parlant.

Les signes de la ponctuation sont la virgule (,), le point-virgule (;), les deux points (:), le point final (.), le point d'interrogation (?), le point d'admiration ou d'exclamation (!), les points de suspension (.....), le tiret (—).

CHAPITRE · I.

DE LA VIRGULE.

La virgule est le signe qui marque la plus petite pause (1). On l'emploie pour séparer

---

(1) Lorsque je dis la plus petite pause, j'entends la plus petite pause écrite ; car, en lisant, on doit faire bien des pauses qui ne sont point marquées dans l'écriture, parceque ces pauses sont plus faibles que celles qui sont indiquées par la virgule : c'est ce qu'on nomme ordinairement des *demi-repos*.

EXEMPLE :

Déjà frémissait dans son camp | l'ennemi confus et décon-

toutes les parties semblables d'une même phrase, pourvu que ces parties ne soient pas subdivisées en d'autres parties subalternes déjà séparées par la virgule.

Les parties semblables d'une phrase sont ordinairement plusieurs adjectifs qui se rapportent au même substantif, plusieurs sujets ou plusieurs régimes pour un seul verbe, plusieurs verbes qui se rapportent au même sujet, etc.

ARTICLE I.

On emploie la virgule pour séparer plusieurs adjectifs qui se rapportent au même substantif, ou plusieurs attributs qui se rapportent au même sujet.

EXEMPLES :

Dans lesquels le substantif est en lettres capitales, et les adjectifs qui s'y rapportent, en lettres italiques :

I.

Nous trouvons des CHOSES *sèches*, *humides*, *chaudes*, *froides*, *solides*, *friables*, *toutes mêlées*, et dans une espèce de confusion qui ne nous pré-

---

certé. Déjà] prenait l'essor, pour se sauver dans les montagnes, cet aigle [dont le vol hardi] avait d'abord effrayé nos provinces.

Indépendamment des repos marqués par la virgule dans l'exemple ci-dessus, il y a encore quatre demi-repos ; le premier après *camp.*, le second après *déjà*, le troisième après *aigle*, et le quatrième après *hardi*.

sente d'autre image que celle d'un amas de débris et d'un monde en ruine.

II.

Je m'en vais vous mander la **CHOSE** *la plus étonnante , la plus surprenante , la plus merveilleuse , la plus miraculeuse , la plus triomphante , la plus étourdissante , la plus inouïe , la plus singulière , la plus extraordinaire , la plus incroyable , la plus imprévue , la plus grande , la plus petite , la plus rare , la plus commune , la plus éclatante , la plus secrète* jusqu'aujourd'hui , *la plus digne* d'envie ; enfin une chose , etc.

III.

Les **TYRIENS** sont *industrieux , patients , laborieux , propres , sobres , ménagers ;* .... Jamais **PEUPLE** n'a été *plus constant , plus sincère , plus fidèle , plus sûr , plus commode* à tous les étrangers.

REMARQUE. Si l'attribut a un complément, la virgule ne se place qu'après ce complément.

IV.

Le ton de la conversation y est coulant et naturel ; il n'est ni pesant ni frivole. IL est *savant* sans pédanterie , *gai* sans tumulte , *poli* sans affectation , *galant* sans fadeur , *badin* sans équivoque.

V.

Un **PRINCE** d'une naissance incertaine , *nourri* par une femme prostituée , *élevé* par des bergers , et depuis *devenu* chef de brigands , jeta les premiers fondements de la capitale du monde.

VI.

L'ÉGYPTE était en effet *le plus beau pays* de l'u-
nivers , *le plus abondant* par la nature , *le mieux
cultivé* par l'art , *le plus riche* , *le plus commode* , *et
le plus orné* par les soins et la magnificence de ses
rois.

ARTICLE II.

On emploie la virgule pour séparer tous
les sujets d'un même verbe.

EXEMPLES

Dans lesquels les sujets sont en italique, et le verbe qui s'y
rapporte, en lettres capitales :

I.

*Lois , police , politique , discipline militaire , ma-
rine , commerce , manufactures , sciences , beaux-
arts , tout* s'EST perfectionné selon ses vues.

II.

*Citoyens , étrangers , ennemis , peuples , rois , em-
pereurs* (1) , le PLAIGNENT et le RÉVÈRENT.

III.

*La confusion , l'horreur , le carnage , l'impi-
toyable mort ,* s'AVANÇAIENT.

IV.

La fraude , la violence , le parjure , les procès ,

(1) La virgule est nécessaire entre le dernier sujet et le
verbe toutes les fois que le verbe ne se rapporte pas plus au
dernier sujet qu'à ceux qui précèdent.

(5)

les guerres , ne font jamais entendre leur voix cruelle et empestée dans ce pays chéri des dieux.

V.

Anéantir et créer sont les attributs de la Toute-Puissance ; *altérer* , *changer* , *détruire* , *développer* , *renouveler* , *produire* (1) , SONT les seuls droits que Dieu a voulu céder.

REMARQUE. Si le sujet a un complément, la virgule ne se place qu'après ce complément.

VI.

L'amour de la gloire , *la crainte* de la honte , *le dessein* de faire fortune , *le desir* de rendre notre vie commode et agréable , et *l'envie* d'abaisser les autres , SONT souvent les causes de cette valeur si célèbre parmi les hommes.

VII.

La grandeur de la taille , *l'élégance* de la forme , *la force* du corps , *la liberté* des mouvements , *toutes les qualités extérieures* ne SONT pas ce qu'il y a de plus noble dans un être animé.

VIII.

Craignez les dieux, ô Télémaque ! cette crainte est le plus grand trésor du cœur de l'homme : avec elle vous VIENDRONT (2) *la sagesse* , *la justice* ,

______

(1) Un verbe à l'infinitif peut être sujet d'un autre verbe.

(2) La ponctuation est la même lorsque les sujets du verbe sont après le verbe.

la paix , la joie , les plaisirs purs , la vraie liberté , la douce abondance , la gloire sans tache.

IX.

Autour de ces rois VOLTIGEAIENT encore, comme des hiboux dans la nuit , *les cruels soupçons , les vaines alarmes , les défiances* qui vengent les peuples de la dureté de leurs rois , *la faim insatiable* des richesses , *la fausse gloire* toujours tyrannique , et *la mollesse lâche* qui redouble tous les maux qu'on souffre , sans pouvoir jamais donner de solides plaisirs.

ARTICLE III.

On emploie la virgule pour séparer tous les régimes d'un même verbe , soit régimes directs , soit régimes indirects.

EXEMPLES

Dans lesquels les verbes sont en capitales, et les régimes en italique :

I.

(*Régimes directs.*)

On arriva à la porte de la grotte de Calypso , où Télémaque fut surpris de voir, avec une apparence de simplicité rustique , des objets propres à charmer les yeux. Il est vrai qu'on n'y VOYAIT *ni or , ni argent , ni marbre , ni colonnes , ni tableaux , ni statues.*

II.

Toutes les passions différentes qui AVAIENT

AGITÉ. *Hercule , Philoctète , Ulysse , Néopto-
lème ,* paraissaient tour-à-tour sur le visage naïf
de Télémaque , à mesure qu'elles étaient repré-
sentées dans la suite de cette narration.

III.

Il faut convenir pourtant qu'on y représente (à
l'Opéra) à grands frais , non seulement toutes les
merveilles de la nature , mais beaucoup d'autres
merveilles bien plus grandes que personne n'a
jamais vues ; et sûrement Pope a voulu désigner
ce bizarre théâtre par celui où il dit qu'on VOIT
pêle-mêle *des dieux , des lutins , des monstres ,
des rois , des bergers , des fées , de la fureur , de la
joie , un feu , une gigue , une bataille , et un bal.*

IV.

Ce globe immense nous OFFRE à la surface
*des hauteurs , des profondeurs , des plaines , des
mers , des marais , des cavernes , des gouffres , des
volcans ;* et, à la première inspection, nous ne
DÉCOUVRONS en tout cela *aucune régularité ,
aucun ordre.* Si nous pénétrons dans son intérieur ,
nous y TROUVONS *des métaux , des minéraux ,
des pierres , des bitumes , des sables , des terres ,
des eaux ,* et *des matières* de toute espèce , placées
comme au hasard et sans règle. En examinant
avec plus d'attention , nous VOYONS *des montagnes* affaissées , *des rochers* fendus et brisés , *des
contrées* englouties , *des îles* nouvelles , *des terrains*
submergés , *des cavernes* comblées , etc.

REMARQUE. Si le régime direct a un complément, la virgule ne se place qu'après ce complément.

V.

Ce qui augmenta la douleur de sa perte, c'est que son fils Bocchoris n'AVAIT *ni humanité* pour les étrangers, *ni curiosité* pour les sciences, *ni estime* pour les hommes vertueux, *ni amour* de la gloire.

VI.

Il ADMIRAIT *l'éclat* de sa beauté, *la riche pourpre* de sa robe longue et flottante, *ses cheveux* noués par derrière négligemment, mais avec grace, *le feu* qui sortait de ses yeux, et *la douceur* qui tempérait cette vivacité.

VII.

O digne fils du sage Ulysse! disait Diomède, je RECONNAIS en vous *la douceur* de son visage, *la grace* de ses discours, *la force* de son éloquence, *la noblesse* de ses sentiments, *la sagesse* de ses pensées.

VIII.

Nous ne pouvions jeter les yeux sur les deux rivages sans APERCEVOIR *des villes* opulentes, *des maisons* de campagne agréablement situées, *des terres* qui se couvraient tous les ans d'une moisson dorée sans se reposer jamais, *des prairies* pleines de troupeaux, *des laboureurs* qui étaient accablés sous le poids des fruits que la terre épanchait de son sein, *des bergers* qui faisaient répéter les doux sons de leurs flûtes et de leurs chalumeaux à tous les échos d'alentour.

IX.

Tous les jours étaient des fêtes : on n'ENTEN-
DAIT plus que le *gazouillement* des oiseaux , ou
la douce halcine des zéphyrs qui se jouaient dans les
rameaux des arbres , ou *le murmure* d'une onde
claire qui tombait de quelque rocher , ou *les
chansons* que les muses inspiraient aux bergers qui
suivaient Apollon.

X.

Un bateau qui arrivait à une ville devait PAYER
un droit pour son entrée , *un droit* pour le salut ,
un droit pour le pont , *un droit* d'ancrage , *un
droit* pour la liberté de décharger , *un droit* pour
le lieu où il devait placer ses marchandises.

XI.

(*Régimes indirects.*)

D'un autre côté , ils tendaient des piéges conti-
nuels à l'humeur impatiente de Philoctète ; ils ne
lui PARLAIENT que *de difficultés , de contre-
temps , de dangers , d'inconvénients , de fautes irré-
médiables.*

XII.

Ils continuèrent à PARLER *de l'origine* des
dieux , *des héros , des poètes , de l'âge d'or , du
déluge , des premières histoires* du genre humain ,
du fleuve d'oubli où se plongent les ames des morts ,
des peines éternelles préparées aux impies dans le
gouffre noir du Tartare , et *de cette heureuse paix*
dont jouissent les justes dans les champs élysées,
sans crainte de pouvoir la perdre.

XIII.

Il visite les maisons des paysans, s'**INFORME**
de leur état, de leurs familles, du nombre de leurs
enfants, *de la quantité* de leurs terres, *de leurs
facultés, de leurs charges, de leurs dettes*, etc., etc.

XIV.

L'esprit d'ordre s'**ÉTENDIT** *au recouvrement*
des revenus publics, *à la solde* des troupes, *à la
marine* militaire, *aux opérations* du commerce, *à
tous les objets* d'administration.

ARTICLE IV.

On emploie la virgule pour séparer tous
les verbes qui se rapportent au même sujet.
Si le verbe est suivi d'un régime, on ne met
la virgule qu'après ce régime.

EXEMPLES

Dans lesquels les verbes sont en italique, et les sujets en lettres
capitales

I.

Aussi ce philosophe se contente-t-il de reconnaître que l'AME *aperçoit, pense, doute, croit,
raisonne, connaît, veut, réfléchit.*

II.

Le peuple abordait en foule ; IL *allait, venait,
montait, descendait, criait, se pressait, se pous-
sait, et bravait* les officiers qui couraient de tous
côtés pour maintenir le bon ordre.

III.

Dans cette fidèle et juste confiance, IL *redouble* son ardeur, *forme* de grands desseins, *exécute* de grandes choses, et *commence* une campagne qui semblait devoir être si fatale à l'empire.

IV.

Philoclès était trop sincère pour lui promettre de travailler à le faire rappeler; car il savait mieux que personne combien son retour eût été pernicieux: mais IL lui *parla* fort doucement, lui *témoigna* de la compassion, l'*exhorta* à apaiser les dieux par des mœurs pures et par une grande patience dans ses maux.

V.

ELLE (la nature) *reprend* ses droits, *efface* les ouvrages de l'homme, *couvre* de poussière et de mousse ses plus fastueux monuments, les *détruit* avec le temps, et ne lui *laisse* que le regret d'avoir perdu par sa faute ce que ses ancêtres avaient conquis par leurs travaux.

VI.

Il (François Ier) *confirma* les traités avec le roi d'Angleterre, en *fit* de nouveaux avec les Vénitiens et Charles d'Autriche, *passa* ensuite les Alpes, *remporta* une grande victoire à Marignan sur les Suisses, et se *rendit* ainsi maître de tout le Milanais.

VII.

Tout prit sous son ministère un autre aspect: IL (Colbert) *créa* le commerce, *fit* réparer les grands chemins , *ouvrit* de nouvelles routes , *cons-truisit* le célèbre canal du Languedoc , *établit* des ports francs , *fit* fleurir les colonies , en *forma* de nouvelles , et *s'occupa* spécialement de la marine.

VIII.

LA PIÉTÉ véritable *est* l'ordre de la société , *laisse* chacun à sa place , *fait* de l'état où Dieu nous a placés l'unique voie de notre salut , ne *met* pas une perfection chimérique dans les œuvres que Dieu ne demande pas de nous , ne *sort* pas de l'ordre de ses devoirs pour s'en faire d'étrangers , et *regarde* comme des vices les vertus qui ne sont pas de notre état.

IX.

Ce n'est que pour punir l'usage injuste que vous faites de l'abondance que Dieu frappe quelquefois de stérilité les terres et les campagnes. **SA JUSTICE** , indignée que vous employiez contre lui ses propres bienfaits , les *soustrait* à vos passions , *répand* son indignation sur la terre , *permet* les guerres et les dissensions , *renverse* vos fortunes , *éteint* vos familles , *fait* sécher la racine de votre postérité , *fait* passer en des mains étrangères vos titres et vos possessions , et vous *rend* les exemples éclatants de l'inconstance des choses humaines et les monuments de sa colère contre les cœurs ingrats et insensibles aux soins paternels de sa providence.

X.

Notre **SOUFFLEUR** à gage
Se *gorge* de vapeur , *s'enfle* comme un ballon ,

Fait un vacarme de démon ,
Siffle , *souffle* , *tempête* , et *brise* en son passage
Maint toit qui n'en peut mais , *fait* périr maint bateau :
Le tout au sujet d'un manteau.

ARTICLE V.

On emploie la virgule pour séparer plusieurs participes qui se rapportent au même auxiliaire, plusieurs infinitifs qui sont à la suite du même verbe. Si le participe ou l'infinitif est suivi d'un régime , la virgule ne se place qu'après ce régime.

EXEMPLES

Dans lesquels les participes sont en italique , et l'auxiliaire en lettres capitales :

I.

(*Participes.*)

Quelle autre que Julie A jamais *aimé* , *pensé* , *parlé* , *agi* , *écrit comme elle?*

II.

Après qu'on EUT bien *contesté* ,
Répliqué , *crié* , *tempêté* ,
Le juge , instruit de leur malice ,
Leur dit : Je vous connais de long-temps , mes amis ;
Et tous deux vous paierez l'amende.

III.

Prenez le contre-pied de l'usage , et vous ferez presque toujours bien. Comme on ne veut pas faire d'un enfant un enfant , mais un docteur , les pères et les maîtres n'ONT jamais assez tôt *tancé* , cor-

*rigé , réprimandé , flatté , menacé , promis , in-
struit , parlé* raison.

IV.

Toute la ville et toute la nation détestent une
magistrature qui A *détruit* la liberté , *aboli* l'usage
des comices , *usurpé* l'autorité légitime des consuls , et *détruit* la puissance des tribuns.

V.

Notre bonne destinée A *aveuglé* les plus clair-
voyants de tous les hommes , *rassuré* les plus ti-
mides , *endormi* les plus soupçonneux , *confondu*
les plus subtils.

VI.

Nos voisins lui tendent les bras ; les évêques des
Pays-Bas l'appellent ; et ces provinces florissantes
lui doivent l'établissement de tant de maisons qui
ONT *consolé* leurs pauvres , *humilié* leurs riches ,
instruit leurs peuples , *sanctifié* leurs prêtres , et
répandu bien loin aux environs la bonne odeur de
l'évangile.

VII.

(*Infinitifs.*)

O Seigneur, à qui seul appartient la gloire et la
grandeur , l'homme ne comprendra-t-il jamais
qu'il n'est point pour lui de félicité durable et
tranquille hors de vous ;..... et que quand même
on pourrait se promettre une fortune paisible , ce
ne serait qu'une vapeur dont un instant décide , et
qu'on VOIT *naître , s'épaissir , monter , s'étendre ,
s'évanouir* dans un moment ?

(15)

VIII.

Le suprême et le parfait gouvernement consiste à gouverner ceux qui gouvernent : il **FAUT** les *observer* , les *éprouver* , les *modérer* , les *corriger* , les *animer* , les *élever* , les *rabaisser* , les *changer* de place , et les *tenir* toujours dans sa main.

IX.

Les graces riantes, les doux plaisirs qui t'accompagnent, la force, la santé, la joie, s'évanouiront comme un beau songe ; il ne t'en restera qu'un triste souvenir : la vieillesse languissante et ennemie des plaisirs **VIENDRA** *rider* ton front , *courber* ton corps , *affaiblir* tes membres , *faire tarir* dans ton cœur la source de ta joie , te *dégoûter* du présent , te *faire craindre* l'avenir , te *rendre* insensible à tout, excepté à la douleur.

X.

Aussitôt qu'il eut porté de rang en rang l'ardeur dont il était animé, on le **VIT** presque en même temps *pousser* l'aile droite des ennemis , *soutenir* la nôtre ébranlée , *rallier* le Français à demi vaincu , *mettre* en fuite l'Espagnol victorieux , *porter* partout la terreur , et *étonner* de ses regards étincelants ceux qui échappaient à ses coups.

ARTICLE VI.

On sépare par des virgules plusieurs parties semblables ajoutées à un même mot auquel ces parties servent de compléments.

EXEMPLES

Dans lesquels le premier mot de chacune des parties semblables est en italique, et le mot auquel ces parties sont
ajoutées, en lettres capitales :

I.

Cette ville nous parut d'une étendue immense,
et plus peuplée que les plus florissantes villes de la
Grèce. La police y est PARFAITE *pour* la pro-
preté des rues, *pour* le cours des eaux, *pour* la
commodité des bains, *pour* la culture des arts,
et *pour* la sûreté publique.

II.

Qu'un conquérant voisin attaque ce peuple, il
ne le trouvera peut-être pas assez accoutumé à
camper, à se ranger en bataille, ou à dresser des
machines pour assiéger une ville ; mais il le trouvera
INVINCIBLE *par* sa multitude, *par* son courage, *par* sa patience dans les fatigues, *par* son
habitude de souffrir la pauvreté, *par* sa vigueur
dans les combats, et *par* une vertu que les mauvais succès ne peuvent abattre.

III.

Tout n'est pas aliment pour l'homme ; et des
substances qui peuvent l'être, il y en a de plus ou
moins CONVENABLES, *selon* la constitution de
son espèce, *selon* le climat qu'il habite, *selon* son
tempérament particulier, et *selon* la manière de
vivre que lui prescrit son état.

IV.

La vraisemblance doit RÉGNER *dans* la cons-

(17)

titution du sujet , *dans* la liaison des scènes , *dans* la peinture des mœurs , *dans* le choix des reconnaissances , *dans* toutes les parties du drame.

V.

On ne SAIT pas *combien* cette adresse des femmes est utile à nous-mêmes , *combien* elle ajoute de charme à la société des deux sexes , *combien* elle sert à réprimer la pétulance des enfants , *combien* elle contient de maris brutaux , *combien* elle maintient de bons ménages que la discorde troublerait sans cela.

VI.

Voilà dans ce royaume un peuple innombrable , mais un PEUPLE sain , vigoureux, robuste , *qui* n'est point amolli par les voluptés , *qui* est exercé à la vertu , *qui* n'est point attaché aux douceurs d'une vie lâche et délicieuse , *qui* sait mépriser la mort , *qui* aimerait mieux mourir que de perdre cette liberté qu'il goûte sous un sage roi appliqué à ne régner que pour faire régner la raison.

VII.

Le vrai génie qui conduit l'état est CELUI *qui* ne faisant rien , fait tout faire , *qui* pense , *qui* invente , *qui* pénètre dans l'avenir , *qui* retourne dans le passé , *qui* arrange , *qui* proportionne , *qui* prépare de loin , *qui* se raidit sans cesse pour lutter contre la fortune , comme un nageur contre le torrent de l'eau , *qui* est attentif nuit et jour pour ne laisser rien au hasard.

VIII.

Enfin elle expira, laissant remplis d'horreur et d'effroi tous ceux qui la virent. Ses mânes impies descendirent sans doute dans ces tristes LIEUX *où* les cruelles Danaïdes puisent éternellement de l'eau dans des vases percés , *où* Ixion tourne à jamais sa roue , *où* Tantale, brûlant de soif, ne peut avaler l'eau qui s'enfuit de ses lèvres , *où* Sisyphe roule inutilement un rocher qui retombe sans cesse , et *où* Titye sentira éternellement dans ses entrailles toujours renaissantes un vautour qui les ronge.

ARTICLE VII.

On sépare par des virgules différentes propositions qui, quoique complètes en elles-mêmes , concourent toutes à rassembler dans une période les principales circonstances d'une action.

EXEMPLES :

I.

Tout se déclare contre la France : *on soulève les étrangers , on débauche les alliés , on intimide les amis , on encourage les vaincus , on arme les envieux.*

II.

Turenne meurt : *tout se confond , la fortune chancelle , la victoire se lasse , la paix s'éloigne , les bonnes intentions des alliés se ralentissent , le courage des*

troupes est abattu par la douleur et ranimé par la ven-
geance ; tout le camp demeure immobile.

III.

On dirait qu'il est chargé de ramener dans le sein de l'église tous ceux que le schisme en a séparés : *il les invite par ses conseils , il les attire par ses bien-faits , il les presse par ses raisons , il les convainc par ses expériences.*

IV.

Cependant il ne règne que par droit de conquête : il jouit plutôt qu'il ne possède ; il ne conserve que par des soins toujours renouvelés : s'ils cessent , *tout languit , tout s'altère , tout change , tout rentre sous la main de la nature.*

V.

Les succès de la guerre sont toujours funestes et odieux : ici tout est l'ouvrage d'une sagesse céleste ; *tout est doux , tout est pur , tout est aimable , tout marque une autorité qui est au-dessus de l'homme.*

VI.

En un mot , *les peuples sont soulagés , les faibles soutenus , les vicieux laissés dans la boue , les justes honorés , Dieu béni dans les grands, qui tiennent ici bas sa place.*

VII.

Écoutez un petit bon-homme qu'on vient d'en-doctriner ; laissez-le jaser, questionner, extrava-guer à son aise, et vous allez être surpris du tour étrange qu'ont pris vos raisonnements dans son esprit : *il confond tout , il renverse tout , il vous im-*

patiente , *il vous désole quelquefois par des objections imprévues ;* il vous réduit à vous taire ou à le faire taire.

VIII.

Que de biens, mes frères, reviennent donc à l'église de vos exemples ! *vous donnez du crédit à la piété , vous honorez la religion dans l'esprit des peuples , vous animez les justes du tous les états , vous consolez les serviteurs de Dieu , vous répandez dans tout un royaume une odeur de vie qui confond le vice et qui autorise la vertu , vous maintenez les règles de l'évangile contre les maximes du monde.*

IX.

Non, après ce que nous venons de voir, *la santé n'est qu'un nom , la vie n'est qu'un songe , la gloire n'est qu'une apparence , les graces et les plaisirs ne sont qu'un dangereux amusement.*

X.

Nous ne voyions en elle ni cette ostentation par laquelle on veut tromper les autres , ni ces émotions d'une ame alarmée par lesquelles on se trompe soi-même : *tout était simple , tout était précis , tout était tranquille , tout partait d'une ame soumise et d'une source sanctifiée par le Saint-Esprit.*

XI.

Lorsque le cœur des rois est dans la main des hommes, hélas ! tout conspire, ce semble, à les pervertir : *la flatterie les corrompt , la politique les trompe , le mauvais conseil les préoccupe , le mauvais exemple les entraîne ,   la diversité des affaires les dissipe.*

XII.

On se menace , on court , l'air gémit , le fer brille.

ARTICLE VIII.

On met entre deux virgules une phrase incidente qui n'est point déterminative , mais qui est purement explicative.

EXEMPLES

Dans lesquels les phrases incidentes sont en italique :

I.

Cependant le fils d'Ulysse , *l'épée à la main ,* s'enfonce dans ces ténèbres horribles.

II.

Elle était sans cesse tournée vers le côté où le vaisseau d'Ulysse , *fendant les ondes ,* avait disparu à ses yeux.

III.

Télémaque , *baissant les yeux et rougissant avec beaucoup de grace ,* reprit ainsi la suite de son histoire.

IV.

Les jugements de Dieu sur le plus grand de tous les empires de ce monde , *c'est-à-dire sur l'empire romain ,* ne nous ont pas été cachés.

V.

Quel est donc votre père que vous cherchez?

reprit la déesse. Il se nomme Ulysse , dit Télémaque ; c'est un des rois qui ont , *après un siége de dix ans ,* renversé la fameuse Troie.

VI.

Il voulut me quitter , il partit ; et je fus vengée par la tempête : son vaisseau , *après avoir été longtemps le jouet des vents ,* fut enseveli dans les ondes.

VII.

Les Tyriens , *par leur fierté ,* avaient irrité contre eux le grand roi Sésostris, qui régnait en Égypte et qui avait conquis tant de royaumes... Sésostris avait résolu , *pour abattre leur orgueil ,* de troubler leur commerce dans toutes les mers.

VIII.

Télémaque , *ayant pris soin de mettre une exacte discipline dans tout le camp ,* ne songea plus qu'à exécuter un dessein qu'il avait conçu , et qu'il cacha à tous les chefs de l'armée.

Dans les huit exemples ci-dessus, toutes les parties qui sont en caractère italique sont des phrases incidentes qui ne sont qu'explicatives : elles sont placées entre deux virgules. Il est aisé de voir qu'on peut lire chaque phrase en passant par-dessus ce qui est entre deux virgules, sans altérer le sens de la phrase principale : c'est à quoi l'on reconnaît la phrase incidente explicative.

Les phrases incidentes de la nature de celles que j'ai rapportées ci-dessus sont faciles à saisir, quoiqu'elles se présentent sous une infinité de formes différentes ; mais les phrases incidentes qui demandent le plus d'attention sont celles qui sont amenées par un pronom relatif.

Une phrase incidente amenée par un pronom relatif est, ou déterminative, ou explicative. Si elle est déterminative, on l'écrit sans virgule ; mais si elle n'est qu'explicative, on la met entre deux virgules.

Il reste donc à faire sentir la différence qu'il y a entre la phrase incidente déterminative et celle qui n'est qu'explicative.

La phrase incidente amenée par un relatif est déterminative lorsque le substantif auquel se rapporte le relatif est pris dans le sens *individuel ;* elle n'est qu'explicative lorsque le substantif est pris dans le sens *général.* Ce que je viens de dire va être éclairci par des exemples.

Sens individuel.

La nature est le trône extérieur de la magnificence divine : l'HOMME *qui la contemple, qui l'étudie,* s'élève par degrés au trône intérieur de la Toute-Puissance.

Dans cette phrase, le substantif *homme* ne désigne qu'un individu, un homme qui contemple la nature, qui l'étudie ; c'est pourquoi la phrase incidente n'est point séparée du sujet de la phrase principale. La phrase incidente déterminative ne doit jamais être entre deux virgules, mais il peut y avoir une virgule à la fin de cette phrase, si elle est d'une certaine étendue ; et s'il y a deux phrases incidentes de suite, qui ne soient liées paraucune conjonction, comme dans l'exemple ci-dessus, on les sépare par une virgule.

Sens général.

Dieu, source unique de toute lumière et de toute intelligence, régit l'univers et les espèces entières avec puissance infinie : l'HOMME, *qui n'a qu'un rayon de cette intelligence*, n'a de même qu'une puissance limitée à de petites proportions de matière, et n'est maître que des individus.

Dans cette phrase, le substantif *homme* désigne non un individu, mais l'espèce entière ; c'est pourquoi la phrase incidente (*qui n'a qu'un rayon de cette intelligence*) est entre deux virgules.

Dans la première phrase, ce n'est point l'homme en général qui s'élève par degrés au trône intérieur de la Toute-Puissance ; c'est l'homme qui contemple la nature, qui l'étudie.

Dans la seconde phrase, c'est l'homme en général, c'est-à-dire tous les hommes, qui n'a qu'une puissance limitée.

EXEMPLES

Qui ont rapport à ces deux phrases :

SENS INDIVIDUEL.	SENS GÉNÉRAL.

Phrases incidentes détermi-
natives.

Phrases incidentes explica-
tives.

I.

Le bien *que nous avons reçu de quelqu'un* veut que nous respections le mal qu'il nous fait.

I.

L'intérêt , *que l'on accuse de tous nos crimes* , mérite souvent d'être loué de nos bonnes actions.

II.

La panthère *que nous avons vue vivante* a l'air féroce, l'œil inquiet, le regard cruel, les mouvements brusques, et le cri semblable à celui d'un dogue en colère.

II.

Le castor , *qui paraît être fort au-dessous du chien et du singe par les facultés indivi-duelles* , a cependant reçu de la nature un don presque équivalent à celui de la parole.

III.

La vivacité *qui augmente en vieillissant* ne va pas loin de la folie.

III.

La nature , *qui ne dit rien à la plupart des hommes* , l'avertit de bonne heure qu'elle l'avait choisi (Aristote) pour son confident et son inter-prète.

IV.

Un Arabe *qui se destine à ce métier de pirate de terre* s'endurcit de bonne heure à la fatigue des voyages.

IV

La terre , *qui n'était au commencement qu'une forêt immense* , prend une autre forme.

V.

Les signes *dont nous nous servons pour représenter les voyelles* sont si défectueux et si insuffisants , qu'il n'est pas étonnant qu'il y ait peu d'ac-cord sur le calcul des gram-mairiens.

V.

Dieu seul connaît le passé, le présent, et l'avenir; il est de tous les temps: l'homme , *dont la durée n'est que de peu d'instants* , ne voit que ces instants.

SENS INDIVIDUEL.	SENS GÉNÉRAL.
Phrases incidentes détermi-natives.	*Phrases incidentes explica-tives.*
VI.	VI.
Les livres *dont vous m'avez parlé* me conviennent beaucoup.	Les imbéciles, *dont l'ame est sans action*, rêvent comme les autres hommes.

Il est bon de remarquer que la phrase incidente est presque toujours explicative, et par conséquent se place entre deux virgules, lorsque le pronom relatif a pour antécédent un nom propre d'homme ou de lieu : le nom propre, désignant un individu d'une manière déterminée, n'a pas besoin d'être restreint par une phrase incidente ; c'est ce qui fait qu'à la suite du nom propre la phrase incidente est presque toujours explicative, et se met entre deux virgules quand elle est dans le corps de la phrase principale.

EXEMPLES :

I.

NESTOR , *que je vis à Pylos* , ni MÉNÉLAS , *qui me reçut avec amitié dans Lacédémone* , ne purent m'apprendre si mon père était encore en vie.

II.

O Aceste ! si le malheur du jeune TÉLÉMAQUE , *qui n'a jamais porté les armes contre les Troyens* , ne peut vous toucher, du moins que votre propre intérêt vous touche.

III.

ADRASTE , *dont les troupes avaient été consi-*
dérablement affaiblies dans le combat , s'était retiré
derrière la montagne d'Aulon pour attendre divers
secours , et pour tâcher de surprendre encore une
fois ses ennemis.

IV.

Lassé de vivre toujours en suspens et dans l'incertitude , je me résolus d'aller dans la SICILE ,
où j'avais ouï dire que mon père avait été jeté par les
vents. Mais le sage Mentor , *que vous voyez ici*
présent , s'opposait à ce téméraire dessein.

V.

CALYPSO , *qui avait été jusqu'à ce moment*
immobile et transportée de plaisir en écoutant les aven-
tures de Télémaque , l'interrompit pour lui faire
prendre quelque repos.

VI.

SERVILIUS , *qui n'ignorait pas cette disposi-*
tion des esprits à son égard , n'eut recours ni aux
prières ni au crédit de ses amis pour échapper à la
colère du peuple.

VII.

CINNA , *qu'on avait cru jusqu'alors méprisé à*
Rome , devint redoutable ; et on regarda cette
désertion de toute l'armée comme un commencement de guerre civile.

VIII.

Pendant que je retardais un peu mon départ

pour tâcher d'en savoir des nouvelles, SÉSOS-
TRIS , *qui était fort âgé ,* mourut subitement ;
et sa mort me replongea dans de nouveaux malheurs.

IX.

La MER ROUGE , *qui sépare l'Arabie de la
haute Éthiopie et d'une partie de l'Égypte ,* a trois
cent cinquante lieues de long sur quarante de large.

Si le nom propre est un nom de peuple ,
la phrase incidente est tantôt déterminative,
tantôt explicative : déterminative , si le nom
propre est pris dans un sens partitif ; explicative , si le nom propre est pris dans le sens
général.

EXEMPLES DU SENS PARTITIF :

I.

La nouvelle de cette défaite se répandit bientôt
dans toute l'Italie. Les ROMAINS *qui s'étaient
réfugiés à Véies, et tous* CEUX *qui s'étaient dispersés
dans les villages voisins,* s'assemblèrent.

II.

Parmi les CRÉTOIS *qui étaient avec lui,* il y
avait deux vieillards , dont l'un se nommait Trau-
maphile , et l'autre Nosophuge.

EXEMPLES DU SENS GÉNÉRAL :

III.

Les ROMAINS , *qui combattaient avec avan-
tage,* repoussèrent ces troupes , et en firent périr
un grand nombre.

IV.

Les CARTHAGINOIS , *qui ne se trouvaient
point de chefs ni de généraux assez habiles pour pouvoir
les opposer à Régulus ,* envoyèrent jusqu'à Lacédémone offrir le commandement de leur armée à
Xantippe, capitaine célèbre dans son pays et dans
toute la Grèce.

ARTICLE IX.

On met une virgule après un nom en
apostrophe (1), si ce nom est au commencement de la phrase ; et on le met entre deux
virgules, s'il est dans le corps de la phrase.

EXEMPLES

Du nom en apostrophe au commencement de la phrase :

I.

ROI , voilà vos vengeurs contre vos ennemis.
PRÊTRES , voilà le roi que je vous ai promis.

II.

MADAME , voilà donc cet ennemi terrible ?

III.

MON FILS , nous attendrons ; cessez de vous troubler.

IV.

AMI , peux-tu penser que d'un zèle frivole
Je me laisse aveugler pour une vaine idole ?

---

(1) Un nom est en apostrophe lorsqu'il désigne une personne ou une chose à laquelle on adresse la parole : c'est le
vocatif des langues qui ont des cas.

V.

MÉCHANT , c'est bien à vous d'oser ainsi nommer
Un Dieu que votre bouche enseigne à blasphémer !

VI.

SEIGNEUR , le temple est libre et n'a plus d'ennemis ;
L'étranger est en fuite, et le Juif est soumis.

EXEMPLES

Du nom en apostrophe dans le corps de la phrase :

I.

De votre nom , JOAS , je puis donc vous nommer.

II.

Venez , Cher ZACHARIE , embrasser votre frère.

III.

Il est juste , MON FILS , que je vous le déclare.

IV.

Enfin , ÉLIACIN , vous avez su me plaire ;
Vous n'êtes point sans doute un enfant ordinaire.

V.

Soumis avec respect à sa volonté sainte ,
Je crains Dieu , CHER ABNER , et n'ai point d'autre crainte.

VI.

Reconnaissez , ABNER , à ces traits éclatants ,
Un Dieu tel aujourd'hui qu'il fut dans tous les temps.

ARTICLE X.

On emploie quelquefois la virgule pour
annoncer la suppression d'un verbe qui est

exprimé dans une proposition , et sous-entendu dans la suivante.

EXEMPLES :

I.

Partout son influence secrète donnait de l'activité aux esprits : les militaires SE FÉLICITAIENT de l'émulation qu'il entretenait parmi eux ; et les *peuples* , de la paix qu'il leur avait ménagée, malgré des obstacles presque insurmontables.

Le verbe *félicitaient* est sous-entendu après le mot *peuples*.

Dans les exemples suivants , le verbe exprimé dans la première proposition et sous-entendu dans les suivantes , est en lettres capitales dans la proposition où il est exprimé ; et le mot après lequel il est sous-entendu dans les autres propositions , est en italique.

II.

Chacun à l'envi faisait gloire de savoir et de dire quelque particularité de sa vie et de ses vertus : l'un DISAIT qu'il était aimé de tout le monde sans intérêt ; *l'autre* , qu'il était parvenu à être admiré sans envie ; un *troisième* , qu'il était redouté de ses ennemis sans en être haï.

III.

C'est là que l'impiété EST un bon air ; la *foi* , une faiblesse ; la *religion* , un songe ; les vérités du *salut* , le partage des ames oiseuses ; les terreurs de *l'éternité* , une vaine frayeur ; et la sainteté de nos *mystères* , souvent l'assaisonnement des débauches.

IV.

Aussi sa conversation était un charme, parcequ'il SAVAIT PARLER à chacun selon ses talents ; et non seulement aux gens *de guerre* , de leurs entreprises ; aux *courtisans* , de leurs intérêts ; aux *politiques* , de leurs négociations ; mais encore aux voyageurs *curieux* , de ce qu'ils avaient découvert ou dans le gouvernement ou dans le commerce ; à *l'artisan* , de ses inventions ; et enfin aux savants de toutes les *sortes* , de ce qu'ils avaient trouvé de merveilleux.

V.

Les Francs, peuple sauvage, ne vivaient que de légumes, de fruits, de racines, et des animaux qu'ils prenaient à la chasse. Leurs dieux ÉTAIENT le soleil, la lune, les arbres, les rivières ; leurs *temples* , des antres profonds ; leurs prêtres, nommés *Druides* , des astrologues, des médecins, des juges ; leurs *villes* , des cabanes de bois et d'argile ; leur *commerce* , un échange.

VI.

Les uns ne POUVAIENT LUI PARDONNER l'ennui d'une discussion qu'ils n'étaient pas en état de suivre ; les *autres* , les aveux qu'il leur arrachait de leur ignorance.

VII.

Hippon S'EST RENDU MAITRE de Messine ; *Mamercus* , de Catane ; *Icétas* , de Léonte ; *Niséus* , de Syracuse ; *Leptine* , d'Apollonie : d'autres villes gémissent sous le joug de Nicomède, d'Apolloniade , etc.

VIII.

L'Eubée nous **FOURNIT** de très bonnes pommes ; la *Phénicie* , des dattes ; *Corinthe* , des coins dont la douceur égale la beauté ; et *Naxos* , ces amandes si renommées dans la Grèce.

IX.

Le peuple **TROUVERA SON BONHEUR** dans la jouissance d'une fortune médiocre , mais assurée ; les *guerriers* , dans l'affranchissement des soins domestiques , et dans les éloges que les hommes donnent à leurs succès ; les *chefs* , dans le plaisir de faire le bien et d'avoir l'Être–Suprême pour témoin.

X.

Mais l'honneur en effet qu'il faut que l'on admire ,
Quel est-il, Valincour ? pourras-tu me le dire ?
L'ambitieux **LE MET** souvent à tout brûler ;
L'*avare* , à voir chez lui le Pactole rouler ;
Un faux *brave* , à vanter sa prouesse frivole ;
Un vrai *fourbe* , à jamais ne garder sa parole ;
Ce *poète* , à noircir d'insipides papiers ;
Ce *marquis* , à savoir frauder ses créanciers ;
Un *libertin* , à rompre et jeûnes et carême ;
Un fou perdu d'*honneur* , à braver l'honneur même.

ARTICLE XI.

Il faut mettre une virgule après tout membre de phrase qui en attend nécessairement un autre.

EXEMPLES :

I.

Maître absolu des deux empires , Théodose rendit celui d'Occident à Valentinien, qui ne le garda pas long-temps.

II.

Ennuyés bientôt de tout , tout leur est à charge, et ils sont à charge à eux-mêmes.

III.

Lassé de vivre toujours en suspens et dans l'incertitude , je me résolus d'aller dans la Sicile, où j'avais ouï dire que mon père avait été jeté par les vents.

IV.

Semblables à deux bêtes farouches , ils étaient toujours prêts à se déchirer l'un l'autre.

V.

Aussitôt que Dioscore eut expliqué aux rois son dessein , tout le monde se tourna vers Télémaque, comme pour lui demander une décision.

VI.

Dès que tu la verras , défends-lui d'avancer.

VII.

Quand Télémaque entendit le nom de son père , les larmes qui coulèrent le long de ses joues donnèrent un nouveau lustre à sa beauté.

VIII.

À peine ces discours furent-ils finis , qu'on se hâta de parler de la nécessité de donner un roi aux Dauniens.

IX.

Après que nous eûmes admiré ce spectacle , nous commençâmes à découvrir les montagnes de Crète.

X.

Ayant dit ces paroles , son esprit agité était déjà prêt à prendre des résolutions contraires.

XI.

A mesure que Télémaque s'éloignait de l'île , il sentait avec plaisir renaître son courage et son amour pour la vertu.

XII.

Pendant qu'Hazael et Mentor parlaient , nous aperçûmes des dauphins couverts d'une écaille qui paraissait d'or et d'azur.

XIII.

Pour revenir à moi , je fus confondu avec les Cypriens, et j'échappai à la défiance pénétrante du roi.

XIV.

Quant aux trois premières monarchies , ce qu'en ont écrit la plupart des Grecs a paru douteux aux plus sages de la Grèce.

XV.

Puisque les dieux nous ôtent l'espérance de vous

voir régner au milieu de nous , du moins aidez-nous à trouver un roi qui fasse régner nos lois.

XVI.

Quelque défiance que nous ayons de la sincérité de ceux qui nous parlent , nous croyons toujours qu'ils nous disent plus vrai qu'aux autres.

XVII.

Quelques découvertes que l'on ait faites dans le pays de l'amour-propre , il y reste encore bien des terres inconnues.

XVIII.

Pour s'établir dans le monde , on fait tout ce qu'on peut pour y paraître établi.

XIX.

Si le rossignol est le chantre des bois , le serin est le musicien de la chambre.

XX.

Si quelque chose est capable de nous donner une idée de notre faiblesse , c'est l'état où nous nous trouvons immédiatement après la naissance.

XXI.

Louer les princes des vertus qu'ils n'ont pas , c'est leur dire impunément des injures.

XXII.

Quand nous exagérons la tendresse que nos amis ont pour nous , c'est souvent moins par reconnaissance que par le desir de faire juger de notre mérite.

XXIII.

Le plus grand effort de l'amitié n'est pas de montrer nos défauts à un ami, c'est de lui faire voir les siens.

XXIV.

Quoique je ne comprisse pas encore parfaitement la profonde sagesse de ce discours, je ne laissais pas d'y goûter je ne sais quoi de pur et de sublime.

XXV.

Si peu qu'on parût douter de ces moyens, il se hâtait de les expliquer inconsidérément.

XXVI.

A force de vouloir paraître grand, vous avez pensé ruiner votre véritable grandeur.

XXVII.

Plus on a de peuples à gouverner, plus il faut de ministres pour faire par eux ce qu'on ne peut faire soi-même.

XXVIII.

De tous les spectacles que l'industrie de l'homme a donnés au monde, il n'en est peut-être aucun de plus admirable que la navigation.

XXIX.

Non seulement elle se tient dans le silence et dans le respect avec les femmes, mais même avec les hommes mariés, ou beaucoup plus âgés qu'elle.

XXX.

Plus les devoirs sont grands et pénibles, plus les

raisons sur lesquelles on les fonde doivent être sensibles et fortes.

ARTICLE XII.

Il serait beaucoup trop difficile et beaucoup trop long de spécifier tous les cas particuliers où l'on doit employer la virgule. J'ai donné sur l'emploi de ce signe le plus de règles générales qu'il m'a été possible. J'ajouterai ici quelques cas qui ne méritent pas de faire chacun un article à part.

Quand un verbe est séparé de son sujet par une longue suite de mots qui dépendent de ce sujet, on met une virgule avant le verbe.

EXEMPLES :

I.

Un des plus beaux artifices des Égyptiens pour conserver leurs anciennes maximes , ÉTAIT *de les revêtir de certaines cérémonies qui les imprimaient dans les esprits.*

II.

Le coup d'œil que nous venons de jeter rapidement sur les facultés des oiseaux , SUFFIT *pour nous démontrer que, dans la chaîne du grand ordre des êtres, ils doivent être, après l'homme, placés au premier rang.*

III.

L'unique point que je crus démêler clairement parmi les reproches qu'il m'avait faits, **FUT** le caractère de ma nouvelle épouse.

On place toujours entre deux virgules ces mots, *dis-je*, *dit-il*, *répondit-il*, *répliqua-t-il*, etc., quand ils sont dans le corps de la phrase ; et ils sont ordinairement précédés d'une virgule quand ils terminent une phrase ou un membre de phrase.

EXEMPLES :

I.

Le récit de mes malheurs , *dit-il* , serait trop long.

II.

Ces Troyens , *disait-il* , sont animés contre tous les Grecs.

III.

Craignez , *repartit Mentor* , qu'elle ne vous accable de maux.

IV.

Mais expliquez-moi , *lui disais-je* , les vrais moyens d'établir un jour à Ithaque un pareil commerce.

V.

O mes amis , *continua-t-il* , je vous laisse ce fils qui m'est si cher ; ayez soin de son enfance.

VI.

Je ne suis point de Phénicie , *lui dis-je* ; mais les Égyptiens m'avaient pris sur la mer dans un vaisseau de Phénicie.

VII.

D'où vient , *disais-je à Narbal* , que les Phéniciens se sont rendus les maîtres du commerce de toute la terre , et qu'ils s'enrichissent ainsi aux dépens de tous les autres peuples ? Vous le voyez , *me répondit-il* : la situation de Tyr est heureuse pour le commerce.

S'il n'y a que deux parties semblables dans une phrase, elles marchent l'une après l'autre sans conjonction , ou bien elles sont liées par une conjonction.

RÈGLES.

1º. Si les deux parties semblables d'une phrase sont sans conjonction , on emploie la virgule après chacune de ces parties.

EXEMPLES :

I.

Un chien qu'on frappe , *un agneau qu'on égorge* , nous font quelque pitié ; *un arbre que l'on coupe* , *une huître qu'on mord* , ne nous en font aucune.

L'exemple ci-dessus est composé de deux phrases, chaque phrase est composée de deux parties semblables , qui sont deux sujets :

Un chien qu'on frappe ,
Un agneau qu'on égorge ,

pour la première phrase ; et,

Un arbre que l'on coupe ,
Une huître qu'on mord ,

pour la seconde phrase.

II

Je fus *si continuellement obsédé* , *si peu maître de moi-même* , que je ne pus trouver le moment de me satisfaire.

2°. Si les deux parties semblables d'une phrase sont liées par quelque conjonction, ces deux parties sont courtes ou longues : dans le premier cas on les écrit sans virgule , et dans le second on emploie la virgule.

EXEMPLES :

Premier cas.

I.

Libre ET *content*, tu es resté *juste* ET *bon* ; car *la peine* ET *le vice* sont inséparables.

II.

Les collines ET *les montagnes* s'aplanissaient peu-à-peu.

III.

Vous ne deviez songer qu'à *l'agriculture* ET *à l'établissement des plus sages lois.*

IV.

On n'est jamais *si heureux* NI *si malheureux* qu'on se l'imagine.

V.

Le soleil NI *la mort* ne se peuvent regarder fixement.

VI.

A votre perte OU *à votre salut* est attachée *la perte* OU *le salut* de tous ceux qui vous environnent.

VII.

Il faut que les jeunes gens qui entrent dans le monde soient *honteux* OU *étourdis* : un air *capable* ET *composé* se tourne d'ordinaire en impertinence.

Second cas.

I.

Songez plutôt *à soutenir la réputation de votre père* , ET *à vaincre la fortune qui vous persécute.*

II.

Qui est-ce qui , aimant un peut l'agriculture , ne veut pas connaître *les productions particulières au climat des lieux qu'il traverse* , ET *la manière de les cultiver ?*

III.

Un guerrier si redoutable *aspirait à la paix* , ET *fit espérer à l'empire de n'avoir plus besoin de gens de guerre.*

IV.

Elle n'oublia pas *ce qui lui était arrivé dans l'île*

de *Circé, fille du soleil* , **NI** *les dangers qu'il avait courus entre Scylla et Charybde.*

V.

Il ne sert de rien *d'être jeune sans être belle* , **NI** *d'être belle sans être jeune.*

VI.

La modération dans la bonne fortune n'est d'ordinaire que *l'appréhension de la honte qui suit l'emportement* , **OU** *la peur de perdre ce qu'on a.*

VII.

On n'y voyait aucune autre viande que celle *des oiseaux qu'elles avaient pris dans les filets* , **OU** *des bêtes qu'elles avaient percées de leurs flèches à la chasse.*

Quand il n'y a que deux parties semblables dans une phrase, et que par élégance on emploie une des conjonctions, *et, ni, ou*, avant chacune de ces parties, on n'emploie pas la virgule.

EXEMPLES :

I.

Partout on voit murir , partout on voit éclore
Et *les fruits de Pomone* ET *les présents de Flore.*

II.

Ne vous laissez jamais entraîner **NI** *par l'avarice* **NI** *par l'orgueil.*

Si cependant les deux parties étaient d'une

certaine étendue, on les séparerait par une virgule.

EXEMPLES :

I.

La vertu timide est souvent opprimée, parce-qu'elle manque OU *de hardiesse pour se montrer*, OU *de protection pour se défendre*.

II.

A peine fûmes-nous arrivés sur ce rivage, que les habitants crurent que nous étions, OU *d'autres peuples de l'île armés pour les surprendre*, OU *des étrangers qui venaient s'emparer de leurs terres*.

Quand une phrase est composée de plusieurs parties semblables, et que la dernière est précédée d'une conjonction, ont met la virgule entre les deux dernières comme après les autres, pour indiquer que la dernière de ces parties n'est pas plus liée à l'avant-dernière qu'aux précédentes.

EXEMPLES :

I.

Le substantif, *l'adjectif*, *le pronom*, *et le verbe*, sont des mots variables; *la préposition*, *l'adverbe*, *la conjonction*, *et l'interjection*, sont des mots invariables.

II.

Ce voyageur connaît l'*Europe*, l'*Asie*, l'*Afrique*, et l'*Amérique*.

III.

Voilà comment j'appris *à convoiter en silence* , *à me cacher* , *à dissimuler* , *à mentir* , *et à dérober enfin.*

On met une virgule entre deux propositions complètes, quoiqu'elles soient liées l'une à l'autre par une conjonction, pourvu que ces propositions ne soient pas subdivisées en parties subalternes séparées par des virgules ; parcequ'alors il faudrait le point-virgule entre les deux propositions.

EXEMPLES :

I.

Tout le monde se plaint de sa mémoire , et personne ne se plaint de son cœur.

II.

La nature fait le mérite , et la fortune le met en œuvre.

III.

L'orgueil ne veut pas devoir , et l'amour-pro-pre ne veut pas payer.

IV.

Nous aimons toujours ceux qui nous admirent , et nous n'aimons pas toujours ceux que nous admirons.

On écrit sans virgule une phrase qui a peu d'étendue.

EXEMPLES :

I.

L'amour-propre est le plus grand de tous les flatteurs.

II.

L'amour-propre est plus habile que le plus habile homme du monde.

III.

Ceux qui s'appliquent trop aux petites choses deviennent ordininairement incapables des grandes.

IV.

Peu de gens sont assez sages pour préférer le blâme qui leur est utile à la louange qui les trahit.

Mais si la phrase a trop d'étendue pour être prononcée de suite, on emploie la virgule, qui se place à l'endroit où l'on peut suspendre le débit de la phrase sans en faire perdre le sens.

EXEMPLES :

I.

Notre repentir n'est pas tant un regret du mal que nous avons fait, qu'une crainte de celui qui nous en peut arriver.

II.

Il y a tant des faussetés déguisées qui représentent si bien la vérité, que ce serait mal juger que de ne s'y pas laisser tromper.

III.

Rien ne devrait plus humilier les hommes qui ont mérité de grandes louanges , que les soins qu'ils prennent encore de se faire valoir par de petites choses.

IV.

Il n'y a guère d'occasions où l'on fit un méchant marché de renoncer au bien qu'on dit de nous , à condition de n'en dire point de mal.

V.

Généralement on aperçoit plus de vigueur d'ame dans les hommes dont les jeunes ans ont été pré-servés d'une corruption prématurée , que dans ceux dont le désordre a commencé avec le pouvoir de s'y livrer.

CHAPITRE II.

DU POINT-VIRGULE.

Le point avec la virgule , que l'on peut nommer *point-virgule* , marque une pause un peu plus longue que la virgule seule.

ARTICLE I.

On met le point-virgule après une phrase dont le sens est complet , mais qui est suivie d'une autre phrase qui en dépend.

EXEMPLES :

I.

Métophis espérait toujours qu'en nous questionnant séparément il pourrait nous faire dire des choses contraires ; surtout il croyait m'éblouir par ses promesses flatteuses, et me faire avouer ce que Mentor lui aurait caché.

II.

Les petits esprits sont trop blessés des petites choses ; les grands esprits les voient toutes et n'en sont point blessés.

III.

La jalousie est en quelque manière juste et raisonnable , puisqu'elle ne tend qu'à conserver un bien qui nous appartient , ou que nous croyons nous appartenir ; au lieu que l'envie est une fureur qui ne peut souffrir le bien des autres.

IV.

Le véritable sujet de la dispute et de l'animosité des deux partis roulait sur ce que les nobles et les patriciens prétendaient que par l'expulsion des rois ils avaient succédé à leur autorité , et que le gouvernement devait être purement aristocratique ; au lieu que les tribuns tâchaient , par de nouvelles lois , de le tourner en démocratie , et d'attirer toute l'autorité dans l'assemblée du peuple , qu'ils gouvernaient à leur gré.

V.

Le premier mouvement de joie que nous avons

du bonheur de nos amis ne vient pas toujours de la bonté de notre naturel, ni de l'amitié que nous avons pour eux ; c'est le plus souvent un effet de l'amour-propre, qui nous flatte de l'espérance d'être heureux à notre tour, ou de retirer quelque utilité de leur bonne fortune.

VI.

Si ma prédiction est fausse, vous serez libre de nous immoler dans trois jours ; si au contraire elle est véritable, souvenez-vous qu'on ne doit pas ôter la vie à ceux de qui on la tient.

VII.

Il prit les dieux et les hommes à témoin de tous les maux que causerait à la république une pareille innovation dans le gouvernement ; et, comme si son zèle et sa colère lui eussent tenu lieu d'inspiration, il prédit au sénat que par un excès de facilité il allait laisser établir un tribunal qui s'élèverait insensiblement contre son autorité, et qui la détruirait à la fin.

VIII.

Pour bien savoir les choses, il en faut savoir le détail ; et comme il est presque infini, nos connaissances sont toujours superficielles et imparfaites.

IX.

La plus subtile de toutes les finesses est de savoir bien feindre de tomber dans les piéges qu'on nous tend ; et l'on n'est jamais si aisément trompé que quand on songe à tromper les autres.

X.

C'est la suite de ces deux choses , je veux dire celle de la religion et celle des empires , que vous devez imprimer dans votre mémoire ; et comme la religion et le gouvernement politique sont les deux points sur lesquels roulent les choses humaines , voir ce qui regarde ces choses renfermé dans un abrégé , et en découvrir par ce moyen tout l'ordre et toute la suite , c'est comprendre dans sa pensée tout ce qu'il y a de grand parmi les hommes, et tenir , pour ainsi dire , le fil de toutes les affaires de l'univers.

XI.

Celui qui croit pouvoir trouver en soi-même de quoi se passer de tout le monde se trompe fort ; mais celui qui croit qu'on ne peut se passer de lui se trompe encore davantage.

XII.

Quand nos ennemis nous ont trompés ; on ne doit que de l'indifférence aux marques extérieures de leur amitié ; mais on doit toujours de la sensibilité à leurs malheurs.

ARTICLE II.

Quand une période est composée de plusieurs membres qui ont une certaine étendue , et qui renferment quelques parties séparées par des virgules, on sépare tous les membres de la période par le point-virgule (1).

EXEMPLES :

I.

Le plus sage de tous les rois, éclairé des lumières de l'esprit de Dieu, inspiré de laisser à la postérité le portrait d'une femme héroïque, nous la représente revêtue de force et de bonne grace ; occupée à de grandes choses, sans sortir de la modestie de son sexe ; comblée des biens mêmes de la fortune, mais toujours prête à les répandre dans le sein des pauvres ; pénétrée de la crainte de Dieu, et convaincue de la vanité des grandeurs humaines ; tirant sa gloire d'une solide vertu, et non de l'éclat trompeur d'une fragile beauté ; mourant avec un visage tranquille et riant ; digne d'être reçue dans le ciel, où elle se présente accompagnée de ses bonnes œuvres, et chargée des trésors d'honneur et de grace qu'elle a amassés ; digne enfin après sa mort des regrets et des louanges de son époux, après avoir mérité sa confiance pendant sa vie.

II.

L'histoire nous le représente (le peuple athénien), tantôt comme un vieillard qu'on peut tromper sans crainte, tantôt comme un enfant

---

(1) Une période est la réunion de plusieurs phrases partielles, dont l'ensemble fait un sens complet. Dans les exemples de ce chapitre, j'ai varié le plus qu'il m'a été possible les différents genres de périodes.

qu'il faut amuser sans cesse ; quelquefois dé-
ployant les lumières et les sentiments des grandes
ames ; aimant à l'excès les plaisirs et la liberté,
le repos et la gloire ; s'enivrant des éloges qu'il
reçoit, applaudissant aux reproches qu'il mérite ;
assez pénétrant pour saisir aux premiers mots les
projets qu'on lui communique , trop impatient
pour en écouter les détails et en prévoir les suites ;
faisant trembler ses magistrats dans l'instant même
qu'il pardonne à ses plus cruels ennemis ; passant
avec la rapidité d'un éclair de la fureur à la pitié,
du découragement à l'insolence, de l'injustice au
repentir ; mobile sur tout et frivole, au point
que, dans les affaires les plus graves, et quelquefois les plus désespérées, une parole dite au hasard,
une saillie heureuse, le moindre objet, pourvu
qu'il soit inopiné, suffit pour le distraire de ses
craintes ou le détourner de son intérêt.

III.

Des gens qui le connaissaient (Jason) m'ont dit
qu'il était d'une santé à supporter les plus grandes
fatigues, et d'une activité à surmonter les plus
grands obstacles ; ne connaissant ni le sommeil
ni les autres besoins de la vie, quand il fallait
agir ; insensible, ou plutôt inaccessible à l'attrait
du plaisir ; assez prudent pour ne rien entreprendre sans être assuré du succès ; aussi habile que
Thémistocle à pénétrer les desseins de l'ennemi,
à lui dérober les siens, à remplacer la force par la
ruse ou par l'intrigue ; enfin, rapportant tout à
son ambition, et ne donnant jamais rien au hasard.

IV.

Si on n'apprend de l'histoire à distinguer les temps, on représentera les hommes sous la loi de nature ou sous la loi écrite tels qu'ils furent sous la loi évangélique ; on parlera des Perses vaincus sous Alexandre comme on parle des Perses victorieux sous Cyrus ; on fera la Grèce aussi libre du temps de Philippe que du temps de Thémistocle ou de Miltiade ; le peuple romain aussi fier sous les empereurs que sous les consuls ; l'église aussi tranquille sous Dioclétien que sous Constantin ; et la France, agitée de guerres civiles du temps de Charles IX et de Henri III, aussi puissante que du temps de Louis XIV, où, réunie sous un si grand roi, seule elle triomphe de toute l'Europe.

V.

Qu'on juge de ce que je dus devenir dans une maison où je n'osais pas ouvrir la bouche ; où il fallait sortir de table au tiers des repas, et de la chambre aussitôt que je n'y avais rien à faire ; où, sans cesse enchaîné à mon travail, je ne voyais qu'objet de jouissance pour d'autres et de privations pour moi seul ; où l'image de la liberté du maître et des compagnons augmentait le poids de mon assujettissement ; où, dans les disputes sur ce que je savais le mieux, je n'osais ouvrir la bouche ; où tout enfin ce que je voyais devenait pour mon cœur un objet de convoitise, uniquement parceque j'étais privé de tout.

VI.

L'on peut dire que le chien est le seul animal

dont la fidélité soit à l'épreuve ; le seul qui connaisse toujours son maître et les amis de la maison ; le seul qui, lorsqu'il arrive un inconnu, s'en aperçoive ; le seul qui entende son nom, et qui reconnaisse la voix domestique ; le seul qui ne se confie point à lui-même ; le seul qui, lorsqu'il a perdu son maître et qu'il ne peut le retrouver, l'appelle par ses gémissements ; le seul qui, dans un voyage long qu'il n'aura fait qu'une fois, se souvienne du chemin et retrouve la route ; le seul enfin dont les talents naturels soient évidents et l'éducation toujours heureuse.

VII.

Les hommes aiment la grandeur ; ils la haïssent, l'admirent, la méprisent : ils l'aiment, parcequ'ils y voient tout ce qu'ils desirent, les plaisirs, les honneurs, et la puissance ; ils la haïssent, parcequ'elle les rabaisse et les humilie, et qu'elle leur fait sentir la privation de ces biens ; ils l'admirent, parcequ'ils en sont éblouis ; ils la méprisent, ou font semblant de la mépriser, afin de s'élever dans leur imagination au-dessus des grands, et de se bâtir ainsi une grandeur imaginaire par le rabaissement de ceux qui sont l'objet de l'admiration du commun des hommes.

VIII.

Deux voisins sont près d'entrer en procès, il les gagne, il les accommode ; un paysan tombe malade, il le fait soigner, il le soigne lui-même ; un autre est vexé par un voisin puissant, il le pro-

lège et le recommande ; de pauvres jeunes gens
se recherchent, il aide à les marier ; une bonne
femme a perdu son enfant chéri, il va la voir,
il la console ; il ne sort point aussitôt qu'il est
entré.

IX.

Former le jugement, c'est donner à un esprit le
goût et le discernement du vrai ; c'est le rendre
délicat à reconnaître les faux raisonnements un peu
cachés ; c'est lui apprendre à ne pas se laisser
éblouir par un vain éclat de paroles vides de sens,
à ne pas se payer de mots ou de principes obscurs,
à ne se satisfaire jamais qu'il n'ait pénétré jusqu'au
fond des choses ; c'est le rendre subtil à prendre
le point dans les matières embarrassées, et à dis-
cerner ceux qui s'en écartent.

X.

Le merveilleux ajoute encore à l'attrait du spectacle : c'est un dieu qui descend dans une ma-
chine ; c'est l'ombre de Polydore qui perce le
sein de la terre pour annoncer à Hécube les nouveaux malheurs dont elle est menacée ; c'est celle
d'Achille qui, s'élançant du fond du tombeau,
apparaît à l'assemblée des Grecs, et leur ordonne
de lui sacrifier Polyxène, fille de Priam ; c'est
Hélène qui monte vers la voûte céleste, où, trans-
formée en constellation, elle deviendra un signe
favorable aux matelots ; c'est Médée qui traverse
les airs sur un char attelé de serpents.

XI.

Il fallait opposer à tant d'ennemis un homme

d'un courage ferme et assuré, d'une capacité étendue, d'une expérience consommée, qui soutînt la
réputation et qui ménageât les forces du royaume ;
qui n'oubliât rien d'utile et de nécessaire, et ne fît
rien de superflu ; qui sût, selon les occasions,
profiter de ses avantages ou se relever de ses
pertes ; qui fût tantôt le bouclier et tantôt l'épée
de son pays ; capable (sous-entendu *qui fût*)
d'exécuter les ordres qu'il aurait reçus, et de
prendre conseil de lui-même dans les rencontres.

XII.

Par quels moyens en effet pourrait s'agrandir
une nation dont on enchaîne à chaque pas la
valeur ; qui, du côté de la mer, privée par
ses lois de matelots et de vaisseaux, n'a pas la
liberté d'étendre ses domaines, et du côté de la
terre, celle d'assiéger les places dont les frontières
de ses voisins sont couvertes ; à qui l'on défend
de poursuivre l'ennemi dans la fuite, et de s'enri-
chir de ses dépouilles ; qui, ne pouvant faire
souvent la guerre au même peuple, est obligée de
préférer les voies de la négociation à celle des
armes ; qui, ne devant pas se mettre en marche
avant la pleine-lune, ni combattre en certaines
fêtes, risque quelquefois de voir échouer ses projets ; et qui, par son extrême pauvreté, ne sau-
rait, dans aucun temps, former de grandes entreprises ?

XIII.

N'est-ce pas en effet la sagesse et la crainte de
Dieu toute seule qui peut rendre les princes et les

(57)

grands plus aimables au peuple ? C'est par elle ,
disait autrefois un jeune roi , que je deviendrai illustre parmi les nations ; que les vieillards respec-
teront ma jeunesse ; que les princes qui sont autour de mon trône baisseront par respect les yeux
devant moi ; que les rois voisins, quelque redoutables qu'ils soient, me craindront ; que je serai
aimé dans la paix et redouté dans la guerre.

XIV.

D'après cette première esquisse, vous concevez
aisément que Lycurgue ne doit pas être regardé
comme un simple législateur , mais comme un
philosophe profond et un réformateur éclairé ;
que sa législation est tout à-la-fois un système de
morale et de politique ; que ses lois influent sans
cesse sur nos mœurs et sur nos sentiments ; et
que, tandis que les autres législateurs se sont bor-
nés à empêcher le mal, il nous a contraints d'opérer
le bien et d'être vertueux.

XV.

Il est donc essentiel à ce gouvernement que
toutes les magistratures, ou du moins la plupart ,
puissent être conférées par la voie du sort à chaque
particulier ; que les emplois, à l'exception des
militaires, soient très rarement accordés à celui
qui les a déjà remplis une fois ; que tous les citoyens soient alternativement distribués dans les
cours de justice ; qu'on établisse un sénat pour
préparer les affaires qui doivent se terminer dans
l'assemblée nationale et souveraine , où tous les

3.

citoyens puissent assister ; qu'on accorde un droit de présence à ceux qui se rendent assidus à cette assemblée , ainsi qu'au sénat et aux tribunaux de justice.

XVI.

Valérius représenta qu'il ne fallait pas espérer de pouvoir gouverner un peuple guerrier, soldat et citoyen tout ensemble , comme on ferait de paisibles bourgeois qui n'auraient jamais quitté leurs foyers domestiques ; que la guerre et l'exercice continuel des armes inspiraient une sorte de courage peu compatible avec cette servile dépendance qu'on voulait exiger de ces braves soldats ; qu'il y avait même de la justice à traiter avec de grands égards un peuple généreux qui , aux dépens de son sang, avait éteint la tyrannie ; qu'il était d'avis de leur accorder les officiers particuliers qu'ils demandaient ; et que peut-être de pareils inspecteurs ne seraient pas inutiles dans un état libre , pour veiller sur ceux qui parmi les grands seraient tentés de porter leur autorité trop loin.

XVII.

Appius s'opposa hautement à l'avis de Valérius , comme nous venons de le dire , et il représenta en plein sénat que la justice étant le plus ferme soutien des états , on ne pouvait abolir les dettes des particuliers sans ruiner la foi publique , le seul lien de la société parmi les hommes ; que le peuple même , en faveur de qui on sollicitait un arrêt si injuste , en souffrirait le premier ; que , dans de nouveaux besoins , les plus riches fermeraient leurs bourses ; que le mécontentement des grands n'était pas moins à craindre que le murmure du peuple, et qu'ils ne souffriraient peut-être pas qu'on annulât des contrats qui étaient le fruit de leur épargne et de leur tempérance.

Il ajouta que personne n'ignorait que Rome, dans son origine, n'avait pas assigné une plus grande quantité de terres aux nobles et aux patriciens qu'aux plébéiens ; que ceux-ci venaient encore de partager les biens des Tarquins ; qu'ils avaient fait souvent un butin considérable à la guerre, et que s'ils avaient consumé ces biens dans la débauche, il n'était pas juste qu'on les en dédommageât aux dépens de ceux qui avaient vécu avec plus de sagesse et d'économie ; qu'après tout il fallait considérer que les plus mutins et ceux qui faisaient le plus de bruit n'étaient que les plébéiens des dernières classes, et qu'on ne plaçait ordinairement dans les batailles que sur les ailes ou à la queue des légions ; qu'ils n'étaient la plupart armés que de frondes ; qu'il n'y avait ni grands services à espérer, ni beaucoup à craindre de pareils soldats ; que la république ne perdrait pas beaucoup en perdant des gens qui ne servaient que de nombre ; et qu'il n'y avait qu'à mépriser la sédition pour la dissiper et pour voir ces mutins recourir avec soumission à la clémence du sénat.

XVIII.

C'est peu qu'en un ouvrage où les fautes fourmillent
Des traits d'esprit semés de temps en temps pétillent :
Il faut que chaque chose y soit mise en son lieu ;
Que le début, la fin, répondent au milieu ;

Que d'un art délicat les pièces assorties
N'y forment qu'un seul tout de diverses parties ;
Que jamais du sujet le discours s'écartant
N'aille chercher trop loin quelque mot éclatant.

XIX.

Il faut qu'en cent façons, pour plaire il se replie (1) ;
Que tantôt il s'élève et tantôt s'humilie ;
Qu'en nobles sentiments il soit partout fécond ;
Qu'il soit aisé, solide, agréable, profond ;
Que de traits surprenants sans cesse il nous réveille ;
Qu'il coure dans ses vers de merveille en merveille ;
Et que tout ce qu'il dit, facile à retenir,
De son ouvrage en nous laisse un long souvenir.

XX.

Il faut que ses acteurs (2) badinent noblement ;
Que son nœud bien formé se dénoue aisément ;
Que l'action, marchant où la raison la guide,
Ne se perde jamais dans une scène vide ;
Que son style humble et doux se relève à propos ;
Que ses discours, partout fertiles en bons mots ,
Soient pleins de passions finement maniées,
Et les scènes toujours l'une à l'autre liées.

ARTICLE III.

Quand une période n'est composée que de deux membres, et que ces membres sont simples, c'est-à-dire sans aucune subdivision, on les sépare par une virgule seulement.

---

(1) L'auteur de la tragédie.　　(2) Les acteurs du comique.

EXEMPLES :

I.

Il faut que le nouveau ministre n'ait aucune difformité dans la figure , et que sa conduite ait toujours été irréprochable.

II.

Nous avons grand tort de penser que quelque défaut que ce soit puisse exclure toute vertu , ou de regarder l'alliance du bien et du mal comme un monstre et comme une énigme.

III.

Pourquoi faut-il que nous ayons assez de mémoire pour retenir jusqu'aux moindres particularités de ce qui nous est arrivé , et que nous n'en ayons pas assez pour nous souvenir combien de fois nous les avons contées à la même personne ?

IV.

Je considère qu'elle a racheté ses péchés par les aumônes qu'elle a répandues secrètement dans le sein des pauvres , et qu'elle les a expiés par une longue pénitence qu'elle a soutenue avec beaucoup de force.

Mais si les deux membres d'une période sont composés de parties séparées par des virgules, on sépare ces deux membres par le point-virgule : il suffit même que l'un des deux membres renferme des parties séparées par des virgules pour qu'on soit obligé de

mettre le point-virgule entre les deux membres de la période.

EXEMPLES :

I.

Lorsque les grands hommes se laissent abattre
par la longueur de leurs infortunes, ils font voir
qu'ils ne les soutenaient que par la force de leur
ambition, non par celle de leur ame ; et qu'à
une grande vanité près, les héros sont faits comme
les autres hommes.

II.

Il faut premièrement que je parcoure avec vous
les époques que je vous propose ; et que, vous
marquant en peu de mots les principaux événements qui doivent être attachés à chacune d'elles,
j'accoutume votre esprit à mettre ces événements
dans leur place, sans y regarder autre chose que
l'ordre des temps.

III.

Rien n'est moins sincère que la manière de demander et de donner des conseils : celui qui en
demande paraît avoir une déférence respectueuse
pour les sentiments de son ami, bien qu'il ne pense
qu'à lui faire approuver les siens et à le rendre
garant de sa conduite ; et celui qui conseille paie
la confiance qu'on lui témoigne d'un zèle ardent
et désintéressé, quoiqu'il ne cherche le plus souvent, dans les conseils qu'il donne, que son propre
intérêt ou sa gloire.

IV.

Je ne puis m'empêcher de me représenter sur le visage du jeune homme dont j'ai parlé ci-devant je ne sais quoi d'impertinent, de doucereux, d'affecté , qui déplaît, qui rebute les gens ; et sur celui du mien , une physionomie intéressante et simple , qui montre le contentement, la véritable sérénité de l'ame , qui inspire l'estime , la confiance , et qui semble n'attendre que l'épanchement de l'amitié pour donner la sienne à ceux qui l'approchent.

CHAPITRE III.

DES DEUX POINTS.

Les deux points marquent une pause plus longue que le point-virgule.

ARTICLE I.

On emploie les deux points quand on passe à un discours direct qu'on rapporte. C'est dans ce cas qu'on doit commencer par une lettte capitale le premier mot qui suit les deux points.

EXEMPLES:

I.

Quand Mentor fut assez près du vaisseau pour

faire entendre sa voix, il s'écria d'une voix forte, en élevant sa tête au-dessus de l'eau : *Phéniciens, si secourables à toutes les nations, ne refusez pas la vie à deux hommes qui l'attendent de votre humanité.*

Celui qui commandait répondit : *Nous vous recevrons avec joie ; nous n'ignorons pas ce qu'on doit faire pour des inconnus qui paraissent si malheureux.*

II.

Télémaque dit à Arcécius : *Je reconnais, ô mon père, Sésostris, ce sage roi d'Égypte, que j'y ai vu il n'y a pas long-temps.*

III.

Un astrologue un jour se laissa choir
Au fond d'un puits. On lui dit : *Pauvre bête,*
Tandis qu'à peine à tes pieds tu peux voir,
Penses-tu lire au dessus de ta tête ?

IV.

L'hirondelle leur dit : *Arrachez brin à brin*
Ce qu'a produit ce maudit grain ;
Ou soyez sûrs de votre perte.

On emploie aussi les deux points quand on fait quelque citation.

EXEMPLE :

Vous connaissez ce passage de LA FONTAINE, dans la fable de la Cigale et la Fourmi :

Je vous paierai, lui dit-elle,
Avant l'août, foi d'animal,
Intérêt et principal.

Voici comment ce passage a été corrigé, ou

pour mieux dire mutilé, par **M. LEBRUN**(1), qui a eu l'impudence de vouloir corriger **LA FONTAINE** :

> Après la moisson, dit-elle,
> Sans faute, foi d'animal,
> Je vous rendrai le total.

Je ne multiplie pas les exemples de cet article, parceque rien n'est plus aisé que l'emploi des deux points dans le cas dont il est question.

REMARQUE. Quand on suspend son discours pour rapporter les paroles de quelqu'un, et que le discours suspendu continue après les paroles rapportées, on ne met qu'une virgule, au lieu de deux points, avant ce qu'on rapporte.

EXEMPLES :

I.

Madame de Chalais m'a offert sa protection, mais du bout des lèvres; madame de Lyonne m'a dit , *Je verrai, je parlerai*, du ton dont on dit le contraire.

II.

Je vous avoue que, lorsque je faisais tant chanter dans Esther , *Rois, chassez la calomnie*, je ne m'attendais guère que je serais moi-même un jour attaqué par la calomnie.

---

(1) M. P.-Ph. LEBRUN, ancien président, prévôt-juge royale de la ville de Bonneval, etc.

ARTICLE II.

On met les deux points après une phrase finie, mais suivie d'une autre qui sert à l'éclaircir ou à l'étendre.

EXEMPLES :

I.

L'ambition et l'avarice des hommes sont les seules sources de leur malheur : les hommes veulent tout avoir, et ils se rendent malheureux par le desir du superflu ; s'ils voulaient vivre simplement, et se contenter de satisfaire aux vrais besoins, on verrait partout l'abondance, la joie, la paix, l'union.

Dans l'exemple ci-dessus, il y a deux points après *malheur* ; quoique ce mot termine une phrase dont le sens est complet : c'est parceque la seconde phrase est un éclaircissement de la première, c'est comme s'il y avait après le mot *malheur* :

Voici pourquoi l'ambition et l'avarice des hommes sont les seules sources de leur malheur.

On verra, dans les autres exemples de cet article, qu'après la phrase terminée par les deux points, il est possible d'introduire quelqu'une de ces expressions, *car, voici pourquoi, voici comment, voici la raison pour laquelle, etc.*

II.

Je crois même que vous devez prendre garde à ne jamais laisser le vin devenir trop commun dans votre royaume. Si on a planté trop de vignes, il faut qu'on les arrache : le vin est la source des plus grands maux parmi les peuples; il cause les maladies, les querelles, les séditions, l'oisiveté, le dégoût du travail, le désordre des familles.

III.

Philoctète n'eut pas d'abord la même inclination que Nestor pour Télémaque : la haine qu'il avait nourrie si long-temps dans son cœur contre Ulysse l'éloignait de son fils, et il ne pouvait voir qu'avec peine tout ce qu'il semblait que les dieux préparaient en faveur de ce jeune homme pour le rendre égal aux héros qui avaient renversé la ville de Troie.

IV.

Vous voyez ce qu'il a perdu pour Ithaque, qu'il n'a pu revoir. Il voulut me quitter, il partit; et je fus vengée par la tempête : son vaisseau, après avoir été long-temps le jouet des vents, fut enseveli dans les ondes.

V.

Mais que ferai-je donc? continua Télémaque d'un ton modéré et docile. Il n'est plus temps, repartit Mentor, de lui cacher ce qui reste de vos aventures : elle en sait assez pour ne pouvoir être trompée sur ce qu'elle ne sait pas encore ; votre réserve ne servirait qu'à l'irriter.

VI.

Lassé de vivre toujours en suspens et dans l'incertitude , je me résolus d'aller dans la Sicile , où j'avais ouï dire que mon père avait été jeté par les vents. Mais le sage Mentor , que vous voyez ici présent, s'opposait à ce téméraire dessein : il me représentait d'un côté les Cyclopes, géants monstrueux qui dévorent les hommes ; de l'autre la flotte d'Énée et des Troyens, qui était sur ces côtes.

VII.

En même temps je me trouvai un nouvel homme : la sagesse éclairait mon esprit; je sentais une douce force pour modérer mes passions, et pour arrêter l'impétuosité de ma jeunesse.

VIII.

Ne craignez point, lui dis-je, que j'aie aucune peine à me taire sur les choses que vous voudrez bien me confier : quoique je sois jeune , j'ai déjà vieilli dans l'habitude de ne dire jamais mon secret, et encore plus de ne trahir jamais , sous-aucun prétexte , le secret d'autrui.

IX.

Ces peuples d'Éthiopie n'étaient pourtant pas si justes qu'ils s'en vantaient, ni si renfermés dans leur pays : les Égyptiens avaient souvent éprouvé leurs forces. Il n'y a rien de suivi dans les conseils de ces nations sauvages et mal cultivées : si la nature y commence souvent de beaux sentiments , elle ne les achève jamais.

X.

Heureuse la nation, grand Dieu, à qui vous destinez dans votre miséricorde un souverain de ce caractère ! D'heureux présages semblent nous le promettre : la clémence et la majesté peintes sur le front de cet auguste enfant, nous annoncent déjà la félicité de nos peuples; ses inclinations douces et bienfaisantes rassurent et font croître tous les jours nos espérances.

XI.

On a beau monter et être porté sur les ailes de la fortune au-dessus de tous les autres, la félicité se trouve toujours placée plus haut que nous-mêmes : plus on s'élève, plus elle semble s'éloigner de nous.

XII.

La forme austère d'un gouvernement républicain, sous lequel les lois seules, toujours inexorables, ont droit de régner, leur fit peur : accoutumés aux distinctions flatteuses de la cour, ils ne pouvaient souffrir cette égalité humiliante qui les confondait dans la multitude.

XIII.

Une circonstance essentielle à la justice que l'on doit aux autres, c'est de la faire promptement et sans différer : la faire attendre, c'est injustice.

XIV.

Il faudrait une nourrice aussi saine de cœur que de corps : l'intempérie des passions peut, comme celle des humeurs, altérer son lait; de plus, s'en tenir uniquement au physique, c'est ne voir que la moitié des objets.

XV.

Les passions sont les seuls orateurs qui persuadent toujours : elles sont comme un art de la nature, dont les règles sont infaillibles ; et l'homme le plus simple qui a de la passion persuade mieux que le plus éloquent qui n'en a point.

XVI.

On n'aime point à louer, et on ne loue jamais personne sans intérêt. La louange est une flatterie habile, cachée, et délicate, qui satisfait différemment celui qui la donne et celui qui la reçoit : l'un la prend comme une récompense de son mérite; l'autre la donne pour faire remarquer son équité et son discernement.

XVII.

Il faut que les jeunes gens qui entrent dans le monde soient honteux ou étourdis : un air capable et composé se tourne d'ordinaire en impertinence.

XVIII.

Rien n'est impossible : il y a des voies qui conduisent à toutes choses; et si nous avions assez de volonté, nous aurions toujours assez de moyens.

XIX.

La petitesse de l'esprit fait l'opiniâtreté : nous ne croyons pas aisément ce qui est au-delà de ce que nous voyons.

XX.

Il faut, autant qu'on peut, obliger tout le monde:
On a souvent besoin d'un plus petit que soi.

ARTICLE III.

On met les deux points après une phrase suivie d'une autre qui annonce quelque réflexion sur ce qui vient d'être dit, ou qui est la conséquence qu'on tire de quelque raisonnement.

EXEMPLES :

I.

Je lui avais mandé de m'envoyer un vaisseau : ou il est mort, ou bien ceux qui m'avaient promis de lui dire ma misère ne l'ont pas fait.

II.

On vous a lu souvent l'histoire de nos rois :
Vous souvient-il, mon fils, quelles étroites lois
Doit s'imposer un roi digne du diadème?

RACINE.

III.

Il supposait qu'il n'y a aucune sincère vertu sur la terre : ainsi il regardait tous les hommes comme étant à peu près égaux.

IV.

Mais en disant tout ce qu'on pouvait dire sans conséquence, il savait s'arrêter précisément et sans affectation aux choses qui pouvaient donner quelque soupçon et entamer son secret : par là son cœur était impénétrable et inaccessible.

V.

Décius, un de ces tribuns, quoique le plus jeune, portait la parole; et on lui avait déféré cet honneur à cause de son éloquence et de sa facilité à s'énoncer en public : qualité indispensable dans tout gouvernement populaire, et surtout à Rome, où le talent de la parole n'était pas moins nécessaire pour s'avancer que le courage et la valeur.

VI.

La femme a plus d'esprit, et l'homme plus de génie; la femme observe, et l'homme raisonne : de ce concours résultent la lumière la plus claire et la science la plus complète que l'entendement humain puisse acquérir des choses morales, la plus sûre connaisance, en un mot, de soi et des autres qui soit à la portée de notre espèce.

VII,

Les honneurs sont institués pour récompenser le mérite, pour exercer la sagesse, et pour être des occasions de faire du bien : aussi il n'appartiennent qu'à des ames modérées, justes, charitables, qui les possèdent sans orgueil, qui les retiennent sans intérêt.

VIII.

Avec tant de prudence, il était gai, complaisant; et la jeunesse la plus enjouée n'a point autant de grace qu'en avait cet homme dans une vieillesse si avancée : aussi aimait-il les jeunes gens lorsqu'ils étaient dociles, et qu'ils avaient le goût de la vertu.

IX.

Elle étudiait ses défauts ; elle aimait qu'on lui en fît des leçons sincères : marque assurée d'une ame forte que ses fautes ne dominent pas, et qui ne craint point de les envisager de près par une secrète confiance des ressources qu'elle sent pour les surmonter.

X.

Agamemnon, revenant à la tête des Grecs du siége de Troie, n'a pas eu le temps de jouir en paix de la gloire qu'il avait acquise : telle est la destinée de presque tous les conquérants. Tous ces hommes que tu vois ont été redoutables dans la guerre ; mais ils n'ont point été aimables et vertueux : aussi ne sont-ils que dans la seconde demeure des champs-élysées.

XI.

Marmontel au duc de Choiseul.

Monseigneur,

On me dit que vous prêtez l'oreille à la voix qui m'accuse et qui sollicite ma perte. Vous êtes puissant, mais vous êtes juste ; je suis malheureux, mais je suis innocent : je vous prie de m'entendre et de me juger.

XII.

Depuis la restauration, les Anglais envahissaient nos pêcheries sur les côtes de l'ancienne Normandie : il les a fait abandonner.

4

Notre pavillon avait été insulté sur les côtes d'Afrique sous divers prétextes : des réparations ont été obtenues, et l'ordre a été donné de respecter le pavillon français.

Depuis dix ans, on refusait à un grand nombre de Français le paiement des sommes qui leur étaient dues : la liquidation en a été obtenue.

On opposait à de justes réclamations formées par les colons de Saint-Domingue une déchéance arbitraire : l'obstacle a été levé.

Plusieurs produits de nos manufactures étaient écartés des marchés Anglais : ils y sont admis.

Un traité de navigation qui contînt des stipulations équitables et avantageuses pour la France, était depuis long-temps desiré : ce traité a été souscrit.

ARTICLE IV.

Quand une période est composée de deux, ou d'un plus grand nombre de membres séparés par le point-virgule, et qu'on y ajoute un nouveau membre qui, sans être de la même nature que les autres, n'en est pas moins lié par le sens à toute la période, on sépare ce dernier membre des autres par les deux points.

EXEMPLES :

I.

Si on nous eût proposé un homme lâche, effé-

miné, et mal instruit, nous aurions cru qu'on ne
cherchait qu'à nous abattre et qu'à nous corrom-
pre ; nous aurions conservé en secret un vif ressen-
timent d'une conduite si dure et si artificieuse :
mais le choix de Polydamas nous montre une véritable candeur.

II.

On admirera toujours dans Aristote le génie de
la philosophie ; on étudiera dans Pline les arts et
l'esprit des anciens, on y cherchera ces traits qui
frappent l'ame d'un sentiment triste et profond :
mais on lira M. de Buffon pour s'intéresser comme
pour s'instruire : il continuera d'exciter pour les
sciences naturelles un enthousiasme utile, etc.

III.

Ce n'est pas qu'on disputât rien aux rois, où que
personne eût le droit de les contraindre ; au contraire, on les respectait comme des dieux : mais
c'est qu'une coutume ancienne avait tout réglé,
et qu'ils ne s'avisaient pas de vivre autrement que
leurs ancêtres.

IV.

L'intérêt de Philippe est de différer la ratification
du traité ; le nôtre, de la hâter : car nos préparatifs
sont suspendus, et lui n'a jamais été si actif.

V.

Il faut moins de joie au dehors à celui qui la porte
dans le cœur ; elle se répand de là sur les objets les
plus indifférents : mais si vous ne portez pas au-
dedans la source de la joie véritable, c'est-à-dire la

paix de la conscience et l'innocence du cœur, en vain vous la chercherez au dehors.

VI.

Eh ! gémissons sur nous-mêmes ; apaisons le Seigneur par le changement de nos mœurs ; rétablissons la paix de Jésus-Christ dans nos cœurs ; calmons nos passions et nos ennemis domestiques : et nous verrons bientôt l'Europe calmée, les ennemis de la France apaisés, la paix rétablie partout, et un repos éternel succéder à celui d'ici-bas.

VII.

L'Achéloüs, disait-on, est célèbre par ses roseaux ; le Pénée tire toute sa gloire de la vallée qu'il arrose ; et le Pactole, des fleurs dont ses rives sont couvertes : mais la fontaine que nous chantons rend les hommes forts et éloquents, et c'est Bacchus lui-même qui la fait couler.

VIII.

Je n'entreprends pas ici de vous dire combien le sénat a fait d'actions semblables ; combien il a livré aux ennemis de citoyens parjures qui ne voulaient pas leur tenir parole ; ou qui chicanaient sur leurs serments ; combien il a comdamné de mauvais conseils qui avaient eu d'heureux succès : je vous dirai seulement que cette auguste compagnie n'inspirait rien que de grand au peuple romain, et donnait en toutes rencontres une haute idée de ses conseils, persuadée qu'elle était que la réputation était le plus ferme appui des états.

IX.

Astarbé flatta Baléazar par les louanges les plus délicates et les plus insinuantes ; elle lui représenta combien Pygmalion l'avait aimée ; elle le conjura par ses cendres d'avoir pitié d'elle ; elle invoqua les dieux comme si elle les eût sincèrement adorés ; elle versa des torrents de larmes ; elle se jeta aux genoux du nouveau roi : mais ensuite elle n'oublia rien pour lui rendre suspects et odieux tous ses serviteurs les plus affectionnés.

X.

. C'est vous, disait-il, ô grande déesse, qui m'avez donné Mentor pour m'instruire et pour corriger mon mauvais naturel ; c'est vous qui me donnez la sagesse de profiter de mes fautes pour me défier de moi-même ; c'est vous qui retenez mes passions impétueuses ; c'est vous qui me faites sentir le plaisir de soulager les malheureux : sans vous je serais haï et digne de l'être ; sans vous je ferais des fautes irréparables ; je serais comme un enfant, qui, ne sentant pas sa faiblesse, quitte sa mère et tombe dès le premier pas.

Dans ce dernier exemple, on voit une période qui est liée par le sens à une autre période : les membres de chaque période sont séparés par le point-virgule, et les deux périodes sont séparées par les deux points.

ARTICLE V.

Lorsqu'une proposition générale est suivie de son énumération, on met les deux points après cette proposition générale.

EXEMPLES :

I.

Aussi remarqua-t-on bientôt en lui (M. de Lamoignon) *tout ce qui fait les grands magistrats :* un cœur docile pour recevoir les impressions de la vérité, noble pour s'élever au dessus des passions et des intérêts, tendre pour assiter les malheureux, ferme pour résister à l'iniquité ; un esprit avide de tout savoir, et capable de tout entreprendre ; prompt à concevoir les matières les plus élevées, heureux à les exprimer quand il les avait une fois conçues ; discernant non seulement le bon d'avec le mauvais, mais encore le meilleur d'avec le bon ; appliqué à examiner les difficultés et à les résoudre, à chercher la vérité et à la suivre après qu'il l'avait trouvée, à connaître tout, et à tirer toujours quelque fruit de ses connaissances.

II.

Tout est plein dans les cours de ces zèles de jalousie : on étale le titre de bon citoyen, et on cache dessous celui de jaloux ; on a sans cesse l'état dans la bouche et la jalousie dans le cœur ; on paraît contristé quand les événements sont malheureux et ne répondent pas aux vues et aux mesures de ceux qui sont en place, et l'on s'applaudit plus du blâme qui retombe sur eux qu'on n'est touché des maux qui en peuvent revenir à la patrie.

III.

Toutes les grandes révolutions y vinrent des femmes : par une femme Rome acquit la liberté, par une femme les plébéiens obtinrent le consulat, par une femme finit la tyrannie des décemvirs, par les femmes Rome fut sauvée des mains d'un proscrit.

IV.

Les colonies romaines établies de tous côtés dans l'empire faisaient deux effets admirables : l'un, de décharger la ville d'un grand nombre de citoyens, la plupart pauvres; l'autre, de garder les postes principaux, et d'accoutumer peu-à-peu les peuples étrangers aux mœurs romaines.

V.

Il y a diverses sortes de curiosités : l'une d'intérêt, qui nous porte à desirer d'apprendre ce qui nous peut être utile ; et l'autre d'orgueil, qui vient du desir de savoir ce que les autres ignorent.

VI.

J'avais plusieurs avantages à consulter dans la situation que je jugeais qui me serait propre : le premier était de jouir de ma santé, et par conséquent d'avoir de l'eau douce dont je viens de parler; le second, d'être à l'abri des ardeurs du soleil ; le troisième, de me garantir contre les assauts de tous les animaux dévorants, fussent-ils hommes ou bêtes ; et le quatrième, d'avoir vue sur la mer, afin que, si la Providence permettait qu'il vînt quelque vaisseau à ma portée, je n'omisse rien de ce qui pouvait favoriser ma délivrance, dont l'attente n'était pas encore tout-à-fait bannie de mon cœur.

VII.

Souvenez-vous, ó Télémaque, qu'il y a dans le gouvernement deux choses pernicieuses auxquelles on n'apporte presque jamais aucun remède : la première est une autorité injuste et trop violente dans les rois ; la seconde est le luxe, qui corrompt les mœurs.

VIII.

Il y a dans les cours deux manières de ce que l'on appelle congédier son monde ou se défaire des gens : se fâcher contre eux, ou faire si bien qu'ils se fâchent contre vous et s'en dégoûtent.

REMARQUE. Si l'énumération précède la proposition générale, on met les deux points avant la proposition générale, et par conséquent à la fin de l'énumération.

IX.

Un peuple divisé en tribus, formant une même famille ; chaque tribu ayant son conseil pour décider de ses intérêts ; un sénat composé d'anciens choisis dans ces différents conseils, pour discuter, au nom de la nation, les intérêts généraux ; un juge suprême élu par le peuple lorsque l'état était en péril ; l'obéissance et la liberté réunies et accordées par une hiérarchie graduelle , qui s'observait de dix hommes à cent, de cent à mille , depuis le dernier des Israélites jusqu'au conseil des anciens ; un corps de prêtres payés par le peuple , et ne pouvant rien posséder ; Dieu seul pour roi , la loi pour maître , et tout Israël pour soldat : *voilà quelle fut notre république pendant un espace de quatre cents ans.*

X.

Inquiets et volages dans le bonheur, constants et invincibles dans l'adversité ; formés pour tous les arts ; civilisés jusqu'à l'excès durant le calme de l'état, grossiers et sauvages dans les troubles politiques ; flottants comme des vaisseaux sans lest au gré de toutes les passions ; à présent dans les cieux , l'instant d'après dans l'abîme ; enthousiastes et du bien et du mal , faisant le premier sans en exiger de reconnaissance , et le second sans en sentir de remords ; ne se souvenant ni de leurs crimes ni de leurs vertus ; amants pusillanimes de la vie pendant la paix , prodigues de leurs jours dans les batailles ; vains , railleurs , ambitieux , à-la-fois routiniers et novateurs , méprisant tout ce qui n'est pas eux ; individuellement, les plus aimables des hommes ; en corps, les plus désagréables de tous ; charmants dans leur propre pays , in-supportables chez l'étranger ; tour-à-tour plus doux, plus innocents que l'agneau qu'on égorge , et plus impitoyables, plus féroces que le tigre qui déchire : *tels furent les Athéniens d'autrefois , et tels sont les Français d'aujourd'hui.*

4.

XI.

Il est humain, il est bon, il est ami fidèle, et tendre ; il est compatissant, libéral, bienfaisant, et tout entier à ceux qu'il doit aimer ; il est les délices de ceux qui vivent avec lui ; il s'est défait de sa hauteur, de son indifférence, et de sa fierté : *voilà ce qui est d'usage, voilà ce qui touche les cœurs, voilà ce qui nous attendrit pour lui, et qui nous rend sensibles à toutes ses vertus.*

XII.

Réunir dans un même cadre tous les travaux des écrivains français, soit qu'ils se rapportent aux sciences, aux belles-lettres, ou aux arts utiles ; rassembler en même temps les notions, tous les faits qui peuvent intéresser parmi nous les progrès des connaissances ; dresser en quelque sorte un inventaire des richesses nationales, toutes sous le rapport des talents et des lumières : *tel a été le but que se sont proposé les éditeurs de ce journal, et que depuis quatre années ils se sont efforcés de remplir.*

CHAPITRE IV.

DU POINT.

Le point seul marque une pause plus longue que tous les signes dont il a été question jusqu'à présent. On le met à la fin de toutes les phrases, de toutes les périodes dont le sens est complet, et qui n'ont de liaison avec ce qui suit que par la convenance du sujet.

Ce n'est pas le plus ou le moins de longueur de la phrase qui détermine l'emploi du point ; il n'est pas nécessaire non plus d'avoir employé les autres signes de ponctuation dans une phrase pour pouvoir y faire usage du point : il suffit qu'une phrase n'ait pas une liaison grammaticale avec la suivante pour qu'elle en soit séparée par un point.

Voici pour exemples quatre périodes qui ont à peu près la même étendue : dans chacune des deux premières, il n'y a qu'un seul point, qui est la fin de la période ; dans la troisième, le point est répété huit fois ; dans la quatrième, neuf fois.

PREMIÈRE PÉRIODE,

dans laquelle il n'y a qu'un point :

L'homme est maître des corps bruts, qui ne peuvent opposer à sa volonté qu'une lourde résistance ou qu'une inflexible dureté, que sa main sait toujours surmonter et vaincre, en les faisant agir les uns contre les autres ; il est maître des végétaux, que, par son industrie, il peut augmenter, diminuer, renouveler, dénaturer, détruire, ou multiplier à l'infini ; il est maître des animaux,

parceque non seulement il a comme eux du mouvement et du sentiment, mais qu'il a de plus la
lumière de la pensée, qu'il connaît les fins et les
moyens, qu'il sait diriger ses actions, concerter
ses opérations, mesurer ses mouvements, vaincre
la force par l'esprit, et la vitesse par l'emploi du
temps.

SECONDE PÉRIODE,

dans laquelle il n'y a qu'un point :

O mon fils ! prosternez-vous devant la Divinité;
déplorez en sa présence les égarements de l'esprit
humain, et promettez-lui d'être au moins aussi
vertueux que la plupart de ces philosophes dont
les principes tendaient à détruire la vertu: car ce
n'est point dans des écrits ignorés de la multitude,
dans des systèmes produits par la chaleur de l'imagination, par l'inquiétude de l'esprit, ou par le
desir de la célébrité, qu'il faut étudier les idées
que leurs auteurs avaient sur la morale ; c'est dans
ces ouvrages où, n'ayant d'autre intérêt que celui
de la vérité, et d'autre but que l'utilité publique,
ils rendent aux mœurs et à la vertu l'hommage
qu'elles ont obtenu dans tous les temps et chez
tous les peuples.

TROISIÈME PÉRIODE,

dans laquelle le point est répété huit fois :

On sait que les habitants de l'Attique sont distribués en un certain nombre de cantons ou districts qui, par leurs différentes réunions, forme
les dix tribus . A la tête de chaque district est un

démarque, magistrat qui est chargé d'en convo-
quer les membres, et de garder le registre qui
contient leurs noms . La famille d'Apollodore
était agrégée au canton de Céphissie, qui fait
partie de la tribu Érechthéide . Nous trouvâmes
dans ce bourg la plupart de ceux qui ont le droit
d'opiner dans les assemblées . Apollodore leur
présenta son fils, et l'acte par lequel il avait été
déjà reconnu dans sa curie . Après les suffrages
recueillis, on inscrivit Lysis dans le registre .
Mais comme c'est ici le seul monument qui puisse
constater l'âge d'un citoyen, au nom de Lysis, fils
d'Apollodore, on joignit celui du premier des
archontes, non seulement de l'année courante,
mais encore de celle qui l'avait précédée . Dès
ce moment Lysis eut le droit d'assister aux assemblées, d'aspirer aux magistratures, et d'adminis-
trer ses biens s'il venait à perdre son père.

QUATRIÈME PÉRIODE,

dans laquelle il y a neuf points :

Aussitôt on commença la course des chariots,
que l'on distribua au sort . Le mien se trouva le
moindre pour la légèreté des roues et pour la vigueur des chevaux . Nous partons : un nuage de
poussière vole et couvre le ciel . Au commencement je laissai les autres passer devant moi . Un
jeune Lacédémonien nommé Crantor, laissait
d'abord tous les autres derrière lui . Un Crétois,
nommé Polyclète, le suivait de près . Hippomaque, parent d'Idoménée, et qui aspirait à lui

succéder , lâchant les rênes à ses chevaux fumants de sueur , était tout penché sur leurs crins flottants ; et le mouvement des roues de son chariot était si rapide , qu'elles paraissaient immobiles comme les ailes d'un aigle qui fend les airs . Mes chevaux s'animèrent et se mirent peu-à-peu en haleine ; je laissai loin derrière moi presque tous ceux qui étaient partis avec tant d'ardeur . Hippomaque, parent d'Idoménée , poussant trop ses chevaux, le plus vigoureux s'abattit, et par sa chute il ôta à son maître l'espérance de régner.

On fait encore usage du point toutes les fois que, par abréviation, on n'écrit que la première lettre ou quelques unes des premières lettres d'un mot.

On écrit,

	au lieu de	
S. M.		Sa Majesté.
S. Em.		Son Éminence.
S. Exc.		Son Excellence.
M.		Monsieur.
Mad.		Madame.
Impr.		Imprimeur.
Libr.		Libraire.
Subst.		Substantif.
Adj.		Adjectif.
Adv.		Adverbe.

CHAPITRE V.

DU POINT D'INTERROGATION.

De tous les signes de la ponctuation ,

celui-ci est le plus aisé à placer : on le met à la fin de toutes les phrases interrogatives.

EXEMPLES :

I.

Comment prétendons-nous qu'un autre garde notre secret, si nous ne pouvons le garder nous-mêmes ?

II.

Pourquoi faut-il que nous ayons assez de mémoire pour retenir jusqu'aux moindres particularités de ce qui nous est arrivé, et que nous n'en ayons pas assez pour nous souvenir combien de fois nous les avons contées à la même personne ?

III.

Avez-vous oublié tout ce que les dieux ont fait pour vous ramener dans votre patrie ? Comment êtes-vous sorti de la Sicile ? Les malheurs que vous avez éprouvés en Égypte ne se sont-ils pas tournés tout-à-coup en prospérités ? Quelle main inconnue vous a enlevé à tous les dangers qui menaçaient votre tête dans la ville de Tyr ? Après tant de merveilles, ignorez-vous ce que les destinées vous ont préparé ?

IV.

C'est ici que j'atteste la foi publique, messieurs, et que, parlant de la douceur et de la modestie de M. de Turenne, je puis avoir pour témoins de ce que je dis tous ceux qui l'ont suivi dans les armées. S'est-il fait un plaisir de se servir du pouvoir qu'il a eu de nuire à ceux mêmes qu'on regarde et qu'on traite comme ennemis ? Où a-t-il laissé des marques terribles de sa colère, ou de ses vengeances particulières ? Laquelle de ses victoires a-t-il estimée par le nombre des misérables qu'il accablait, ou des morts qu'il laissait sur le champ de bataille ? Quelle vie a-t-il exposée pour son intérêt ou pour sa propre réputation ? Quel soldat n'a-t-il pas ménagé comme un sujet du prince et une portion de la république ? Quelle goutte de sang a-t-il répandue qui n'ait servi à la cause commune ?

V.

Qu'y a-t-il de plus doux à un honnête homme né pour les plaisirs honnêtes que de voir sa maison toujours pleine de gens, et de savoir qu'ils ne lui rendent pas ces devoirs à cause de ses richesses, ni par l'espérance d'être ses héritiers, ni à cause de quelque charge qu'il exerce, mais à cause de lui-même ? Y a-t-il rien dans les richesses et dans la grandeur qui puisse donner un plaisir égal à celui qu'il ressent quand il voit des personnes considérables par leur âge, et dont le crédit s'étend par toute la terre, confesser, dans l'abondance des richesses dont ils jouissent, qu'ils n'ont pas le premier et le plus grand de tous les avantages du monde, celui que possède un orateur ? Que dirai-je de cette foule de gens qui se présentent pour l'accompagner, ou qui vont au-devant de lui ; de l'éclat avec lequel il paraît en public, du respect qu'on lui rend dans ses jugements ; de la joie qu'il ressent lorsque s'étant élevé pour parler seul au milieu d'une foule de gens qui l'écoutent en silence, il voit les yeux de tous les auditeurs tournés sur lui, que le peuple se presse pour l'entendre, et qu'il grave dans tous les esprits les mêmes impressions qu'il lui plaît de faire paraître en lui ?

VI.

L'importance, messieurs, c'est de leur choisir un chef; et jamais choix ne fut plus louable que celui qu'on fit de M. Lamoignon. Quelles pensez-vous que furent les voies qui le conduisirent à cette fin ? La faveur ? Il n'avait eu d'autres relations à la cour que celles que lui donnèrent ou ses affaires ou ses devoirs. Le hasard ? On fut long-temps à délibérer; et dans une affaire aussi délicate, on crut qu'il fallait tout donner au conseil, et ne rien laisser à la fortune. La cabale ? Il était du nombre de ceux qui n'avaient suivi que leur devoir; et ce parti, quoique le plus juste, n'avait pas été le plus grand. L'habilité à se servir des conjonctures ? Ces temps difficiles étaient passés où l'on donnait des charges par nécessité plutôt que par choix, et où chacun, voulant profiter des troubles de l'état, vendait chèrement, ou les services qu'il pouvait rendre, ou les moyens qu'il avait de nuire.

Il est aisé d'entendre pourquoi le point d'interrogation après ces mots, *la faveur ? le hasard ? la cabale ? l'habileté à se servir des conjonctures ?* c'est que l'orateur venait de dire : *Quelles pensez-vous que furent les voies qui le conduisirent à cette fin ?* Alors il a sous-entendu dans les interrogations suivantes, *Pensez-vous que ce fût;* et c'est comme s'il avait dit :

Pensez-vous que ce fût la faveur ?
Pensez-vous que ce fût le hasard ?
Pensez-vous que ce fût la cabale ?
Pensez-vous que ce fût l'habileté à se servir des conjonctures ?

REMARQUE.

Ire REMARQUE. Quand on rapporte une phrase interrogative, on peut la rapporter directement ou indirectement : directement, si l'on rapporte les propres termes de la personne qui a fait l'interrogation ; indirectement, si l'on dit simplement qu'il y a eu interrogation, mais sans en rapporter les propres termes. Dans le premier cas, la phrase rapportée doit être suivie du point d'interrogation ; dans le second, on suit les règles ordinaires de la ponctuation.

EXEMPLES DU PREMIER CAS :

I.

Mentor lui dit d'un ton grave : *Sont-ce donc là, ô Télémaque, les pensées qui doivent occuper le cœur du fils d'Ulysse ?*

II.

Ensuite on proposa la seconde question en ces

termes : *Quel est le plus malheureux de tous les hommes ?*

III.

Cependant Mentor me disait à l'oreille : *Renoncez-vous à votre patrie ? L'ambition de régner vous fera-t-elle oublier Pénélope , qui vous attend comme sa dernière espérance, et le grand Ulysse, que les dieux avaient résolu de vous rendre ?*

EXEMPLES DU SECOND CAS :

I.

Ensuite Adoam lui demanda par quelle aventure il était entré dans l'île de Calypso.

II.

Cependant Hégésippe demanda en quel lieu de l'île demeurait Philoclès.

III.

Je demandai ensuite à Narbal comment les Phéniciens s'étaient rendus si puissants sur la mer : car je voulais n'ignorer rien de tout ce qui sert au gouvernement d'un royaume.

IIe REMARQUE. Quand on rapporte une phrase interrogative, suivie de quelqu'une de ces locutions, *dit-il, répondit-il, continua-t-il*, etc. , le point d'interrogation se place toujours à la fin de la phrase interrogative.

EXEMPLES :

Il faut écrire ainsi :

La déesse reprit : *Quel est donc votre père que vous cherchez ?*

Il me dit : *De quelle ville de Phénicie êtes-vous ?*

Idoménée répondit : *Que ferai-je donc à l'égard de ces rois ?*

Mais il faut écrire :

Quel est donc votre père que vous cherchez ? reprit la déesse.

De quelle ville de Phénicie êtes-vous ? me dit-il.

Que ferai-je donc à l'égard de ces rois ? répondit Idoménée.

CHAPITRE VI.

DU POINT D'EXCLAMATION.

On met ce point à la suite de toutes les phrases qui expriment quelque mouvement de l'ame, comme la surprise, la terreur, la pitié, la joie, etc., et après les interjections.

EXEMPLES :

I.

Quoi ! dit le bon Émile tout surpris, on dirait que nous étions attendus. Oh ! que le paysan avait bien raison ! quelle attention ! quelle bonté ! quelle prévoyance ! et pour des inconnus !

II.

Combien le cœur rit quand on approche du gîte ! Combien un repas grossier paraît savoureux ! Avec

(93)

quel plaisir on se repose à table ! Quel'bon sommeil on fait dans un mauvais lit !

III.

Oh ! que les rois sont à plaindre ! oh ! que
ceux qui les servent sont dignes de compassion !
S'ils sont méchants, combien font-ils souffrir les
hommes ! et quels tourments leur sont préparés
dans le noir Tartare ! S'ils sont bons, quelles
difficultés n'ont-ils pas à vaincre ! quels piéges à
éviter ! que de maux à souffrir !

IV.

O heureux Idoménée ! s'écria-t-il encore, que
vois-je ! quels malheurs évités ! quelle douce
paix au dedans ! mais au dehors quels combats !
quelles victoires !

V.

O beaux jours ! trop heureux jours ! jours
dont je n'ai pas assez connu le prix ! jours trop
rapidement écoulés ! vous ne reviendrez jamais !
jamais mes yeux ne reverront ce qu'ils voient !

VI.

Quelle fut la constance de M. Le Tellier dans
ces jours d'aveuglement et de faiblesse, et combien
de formes donna-t-il à sa fidélité et à sa prudence !
Quelle application à découvrir la source des maux
et la convenance des remèdes ! Quelle retenue
pour cacher les secrets de la régence, qu'on avait
confiés à sa sagesse ! Quelle pénétration quand il
fallut percer les nuages de la dissimulation et de
l'artifice, et découvrir non seulement les desseins,

mais encore les motifs et les intentions ! Quelle présence d'esprit lorsqu'il fallut s'accommoder aux conjonctures, et prendre, pour le bien public, des résolutions subites ! Quelle adresse à s'attirer la confiance des partis, et à réunir la diversité des avis et des connaissances au seul point de la tranquillité publique !

CHAPITRE VII.

DES POINTS DE SUSPENSION.

On emploie plusieurs points de suite (.....) pour marquer une suspension, ou quand on laisse échapper quelques phrases interrompues et sans suite.

EXEMPLES :

I.

Oh ! s'il m'eût attaqué dans ma force ! ..... mais, encore à présent, ce n'est que par surprise. Que ferai-je ? ..... Rends, mon fils, rends : sois semblable à ton père, semblable à toi-même. Que dis-tu ? ..... Tu ne dis rien ! O rocher sauvage ! je reviens à toi, etc.

II.

Heureusement nous trouvons un bon paysan qui nous mène dans sa chaumière ; nous mangeons de bon appétit son maigre dîner. En nous voyant si fatigués, si affamés, il nous dit : Si le bon Dieu vous eût conduits de l'autre côté de la colline, vous eussiez été mieux reçus ..... vous auriez trouvé une maison de paix ..... des gens si charitables ..... de si bonnes gens ! ..... ils n'ont pas meilleur cœur que moi ; mais ils sont plus riches, quoiqu'on dise qu'ils l'étaient bien plus autrefois ..... Ils ne pâtissent pas, Dieu merci ; et tout le pays se sent de ce qui leur reste.

III.

O Télémaque ! tes travaux surpassent ceux de ton père ; le fier ennemi gémit dans la poussière sous ton glaive ; les portes d'airain, les inaccessibles remparts tombent à tes pieds. O jeune homme, tu verras enfin ..... A ces mots, la parole meurt dans sa bouche, et il demeure, comme malgré lui, dans un silence plein d'étonnement.

IV.

Mais si l'ingrat rentrait dans son devoir ;
Si la foi dans son cœur retrouvait quelque place ;
S'il venait à mes pieds me demander sa grace ;
Si sous mes lois, Amour, tu pouvais l'engager ;
S'il voulait ..... Mais l'ingrat ne veut que m'outrager.

Dans les deux premiers exemples de ce chapitre, les points de suspension annoncent seulement un repos plus long que le point seul ; mais dans les deux derniers, ils annoncent la suppression d'une partie de la phrase.

CHAPITRE VIII.

DU TIRET.

On emploie le tiret (—) pour marquer la séparation qu'il y a dans le dialogue entre la demande et la réponse. Ce signe évite la répétition des *dit-il*, *dit-elle*, *répondit-il*, *répondit-elle*, etc.

EXEMPLES :

I.

Regardez bien ma sœur
Est-ce assez? dites-moi; n'y suis-je point encore?
—Nenni — M'y voici donc?— Point du tout.— M'y voilà?
—Vous n'en approchez point. La chétive pécore
S'enfla si bien qu'elle creva.

II.

Chemin faisant il vit le cou du chien pelé.
Qu'est-ce là? lui dit-il.—Rien.—Quoi! rien!—Peu de chose.
—Mais encor?—Le collier dont je suis attaché
De ce que vous voyez est peut-être la cause.
— Attaché! dit le loup : vous ne courez donc pas
Où vous voulez?—Pas toujours ; mais qu'importe.
— Il importe si bien, que de tous vos repas
Je ne veux en aucune sorte,
Et ne voudrais pas même à ce prix un trésor.

III.

Jeune homme, dit le cacique en le voyant, adores-tu le Dieu qu'adore Las-Casas? — Oui,

répondit Davila. — Crois-tu que nous soyons enfants de ce Dieu, comme toi? — Je le crois. —
Nous sommes donc frères? Pourquoi viens-tu trem-
per tes mains dans notre sang? — J'obéissais.
— A qui? — Vous le savez assez. — Oui, je
sais que tu es né du plus méchant des hommes,
et du plus cruel envers nous.

CHAPITRE IX.

Remarques sur quelques uns des chapitres précédents, et sur quelques signes dont
il n'a pas été question dans cet ouvrage.

ARTICLE I.

Remarques sur les noms en apostrophe.

1º Le nom en apostrophe qui est au commencement de la phrase n'est ordinairement
suivi que de la virgule, comme dans les six
premiers exemples de l'article IX du premier
chapitre, *page* 29; mais il est suivi du point
d'exclamation toutes les fois qu'il est en
même temps en apostrophe et en exclamation.

EXEMPLES :

I.

MALHEUREUSE! quel nom est sorti de ta bouche!

II.

PERFIDE! oses-tu bien te montrer devant moi?

III.

O mon FILS! cher espoir que je me suis ravi!

2° Un nom en apostrophe qui est dans le corps de la phrase, ou dans le corps d'un membre de phrase, est ordinairement précédé de la virgule, comme dans les six derniers exemples de l'article IX du premier chapitre, *page* 3o; mais il est précédé du point d'exclamation quand le mot qui précède ce nom en apostrophe est une interjection, ou quelque locution qui demande le point d'exclamation.

EXEMPLES :

I.

Quoi! SEIGNEUR, se peut-il, que d'un cours si rapide
La victoire vous ait ramené dans l'Aulide?

II.

Hé! MON PÈRE, oubliez votre rang à ma vue.

III.

Hélas! SEIGNEUR! quel trouble au mien peut être égal?

3° De quelque signe que soit précédé le nom en apostrophe, il peut être suivi de tous les signes de ponctuation :

De la virgule, si la phrase continue;

Du point-virgule, si le sens est suspendu ;

Des deux points, si le sens est encore plus suspendu ;

Du point final, si la phrase est terminée par un nom en apostrophe ;

Du point d'interrogation, si le nom en apostrophe termine une phrase interrogative ;

Du point d'exclamation, si le nom est à-la-fois en apostrophe et en exclamation ;

Du point de suspension, si l'on recommence une phrase sans avoir terminé la précédente, dont le dernier mot est un nom en apostrophe.

EXEMPLES :

I.

Tout est perdu, Seigneur, si vous ne nous sauvez.

II.

Hélas ! qu'un tel exil, SEIGNEUR, me serait cher !

III.

J'ignore le projet que la reine médite,
SEIGNEUR ; mais je crains tout du transport qui l'agite.

IV.

Oubliez, s'il se peut, que je vous ai parlé,
MADAME ; et que jamais une bouche si pure
Ne s'ouvre pour conter cette horrible aventure.

V.

Vous me donnez des noms qui doivent me surprendre,
MADAME: on ne m'a pas instruite à les entendre ;

Et les dieux, contre moi si long-temps indignés,
A mon oreille encor les avaient épargnés.

VI.

Je le sais bien, SEIGNEUR : aussi tout mon espoir
N'est plus qu'au coup mortel que je vais recevoir.

VII.

Les moments me sont chers ; écoutez-moi, THÉSÉE.

VIII.

Vous allez à l'autel ; et moi j'y cours, MADAME.

IX.

Ne verrez-vous point Phèdre avant que de partir,
SEIGNEUR ?

X.

Quel bonheur pour toi, mon AMI !

XI.

Sans mon ordre on porte ici ses pas !
Quel mortel insolent vient chercher le trépas ?
GARDES..... C'est vous, Esther ? quoi ! sans être attendue ?

ARTICLE II.

*Remarques sur le Point d'interrogation et sur le Point
d'exclamation.*

Ces deux signes de ponctuation n'ont la
valeur du point finale que lorsqu'ils terminent des phrases dont le sens est complet ;
mais après un membre de phrase ils peuvent
avoir la valeur de la virgule, du point-virgule,
ou des deux points : cela dépend de la liaison qu'il y a entre les membres de la même
phrase.

EXEMPLES :

1° *Point d'interrogation ayant la valeur de la virgule* (1).

I.

Mais que ferai-je donc ?, continua Télémaque d'un ton modéré et docile.

II.

Qu'y a-t-il de plus ancien que de s'aimer soi-même ?, et qu'y a-t-il de plus nouveau que d'être soi-même son persécuteur ?.

———

2° *Point d'interrogation ayant la valeur du point-virgule :*

III.

Il ne sert donc de rien d'avoir voulu troubler ces deux amants, en déclarant que je veux être de cette chasse ! En serai-je ?; irai-je la faire triompher, et faire servir ma beauté à relever la sienne ?; faudra-t-il que Télémaque, en me voyant, soit encore plus passionné pour son Eucharis ?.

———

3° *Point d'interrogation ayant la valeur des deux points :*

———

(1) Dans les exemples de cet article, le point d'interrogation et le point d'exclamation seront suivis du signe dont ils ont la valeur. Par exemple, cette double ponctuation ?, ou !, signifie que le point d'interrogation ou d'exclamation a la valeur de la virgule ; et pour indiquer que ces deux signes ont la valeur du point-virgule, des deux points, ou du point, je ponctuerai ainsi : ?; !; — ?: !: — ?. !.

IV.

Aussi avec quelle magnificence la nature ne brille-t-elle pas sur la terre ?: une lumière pure, s'étendant de l'orient au couchant, dore successivement les deux hémisphères de ce globe ; un élément transparent et léger l'environne ; une chaleur douce et féconde anime, fait éclore tous les germes de la vie ; etc.

———————

4° *Point d'exclamation ayant la valeur de la virgule :*

V.

Quelle innocence !, quelle vertu !, quelle horreur du vice !, quel courage contre les honteux plaisirs !.

VI.

Que de campements !, que de belles marches !, que de hardiesse !, que de précautions !, que de périls !, que de ressources !.

———————

5° *Point d'exclamation ayant la valeur de la virgule, du point-virgule, et du point :*

VII.

.. Le fils d'Ulysse le surpasse déjà en éloquence, en sagesse, et en valeur. Quelle mine !, quelle beauté !, quelle douceur !, quelle modestie !; mais quelle noblesse et quelle grandeur !.

VIII.

Comme s'il ne fallait pas une prise naturelle

pour former des liens de convention !; comme si l'amour qu'on a pour ses proches n'était pas le principe de celui qu'on doit à l'état !; comme si ce n'était pas par la petite patrie, qui est la famille, que le cœur s'attache à la grande !; comme si ce n'était pas le bon fils, le bon mari, le bon père, qui font le bon citoyen !.

6° *Point d'exclamation ayant la valeur des deux points.*

IX.

Malheur au siècle où les femmes perdent leur ascendant, et où leurs jugements ne font plus rien aux hommes !: c'est le dernier degré de la dépravation.

X.

Heureux, disait Mentor, le peuple qui est conduit par un sage roi !: il est dans l'abondance, il vit heureux, et aime celui à qui il doit tout son bonheur.

XI.

Et de là quel déluge de maux dans le peuple !: les places occupées par des hommes corrompus; les passions, toujours punies par le mépris, devenues la voie des honneurs et de la gloire; l'autorité, établie pour maintenir l'ordre et la pudeur des lois, méritée par les excès qui les violent; les mœurs corrompues dans leur source; les astres qui devaient éclairer nos routes, changés en des feux errants qui nous égarent; les bienséances même publiques, dont le vice est toujours jaloux,

renvoyées comme des usages surannés à l'antique
gravité de nos pères ; le désordre débarrassé de la
gêne même des ménagements ; la modération dans
le vice devenue presque aussi ridicule que la vertu.

XII.

Ah ! mes frères, que de biens, encore une fois,
vos seuls exemples peuvent faire parmi les peuples !: les plaisirs publics décriés dès que vous ne
les autorisez plus par votre présence ; les modes
indécentes proscrites dès que vous les négligez ;
les usages dangereux surannés dès que vous les
abandonnez ; la source de presque tous les désor-
dres tarie dès que vous vivez selon Dieu.

Cet exemple et le précédent peuvent être
comparés à ceux qui composent le cinquième article du chapitre III.

ARTICLE III.

Des Guillemets.

Les guillemets sont des espèces de doubles
virgules que l'on place devant chaque ligne
d'une citation.

EXEMPLES :

I.

Aussitôt que Camille parut dans l'assemblée,
les députés du sénat s'ouvrirent pour lui faire
place, comme au premier magistrat de la république. Après lui avoir rendu compte du traité

qu'ils avaient fait avec Brennus, ils se plaignirent de la supercherie que ce prince leur faisait dans l'exécution. « Remportez cet or dans le Capitole, « dit-il à ces députés; et vous, Gaulois, ajouta- « t-il, retirez-vous avec vos poids et vos balances : « ce n'est qu'avec du fer que les Romains doivent « recouvrer leur pays. »

II.

J'arrive, je l'appelle ; et, me tendant la main,
Il ouvre un œil mourant qu'il referme soudain.
« Le ciel, dit-il, m'arrache une innocente vie.
« Prends soin après ma mort de la triste Aricie.
« Cher ami, si mon père un jour désabusé
« Plaint le malheur d'un fils faussement accusé,
« Pour apaiser mon sang et mon ombre plaintive,
« Dis-lui qu'avec douceur il traite sa captive ;
« Qu'il lui rende ..... » A ce mot ce héros expiré
N'a laissé dans mes bras qu'un corps défiguré,
Triste objet où des dieux triomphe la colère,
Et que méconnaîtrait l'œil même de son père.

Les uns mettent un guillemet devant chaque ligne de la citation, quelque longue qu'elle soit, comme dans les deux exemples que je viens de rapporter; d'autres se contentent d'en mettre un avant le premier mot de la citation, et un autre après le dernier mot.

EXEMPLE :

Se tournant ensuite vers le peuple, qui paraissait indigné de la violence qu'on lui voulait faire : « Assistez-moi, mes compagnons, criaitil ; nous n'avons point d'autre ressource contre une si grande tyrannie que dans nos forces. »

5.

ARTICLE IV.

De la Parenthèse.

On appelle parenthèses deux crochets entre lesquels on renferme un sens accessoire, mais complet, qui interrompt la continuité du sens principal. Aujourd'hui on ne se sert presque plus de la parenthèse. En voici cependant un exemple :

Dix années furent employées à préparer des matériaux, à former des combinaisons, à s'instruire dans la science des faits, à s'exercer dans l'art d'écrire ; et au bout de ce terme, le premier volume de l'Histoire naturelle vint étonner l'Europe. En parlant de cet ouvrage, que tous les hommes ont lu, que presque tous ont admiré, qui a rempli, soit par le travail de la composition, soit par des études préliminaires, la vie entière de M. de Buffon, nous ne prendrons pour guide que la vérité ; (*car pourquoi chercherions-nous vainement à flatter par des éloges qui ne dureraient qu'un jour, un nom qui doit vivre à jamais ?*) et en évitant, s'il est possible, l'influence de toutes les causes qui peuvent agir sur l'opinion souvent passagère des contemporains, nous tâcherons de prévoir l'opinion durable de la postérité.

Quand on rapporte une phrase dans laquelle il se trouve un pronom tenant la place d'un nom qui n'est pas exprimé dans

cette phrase , pour la rendre plus claire , on met entre deux parenthèses , à côté
du pronom , le nom dont ce pronom tient
la place.

EXEMPLES :

I.

Si un autre *la* devait posséder (*Antiope, fille
il'Idoménée*) , je passerais mes jours avec tristesse
et amertume.

II.

Les lois *lui* confient (*au roi de Crète*) les peuples comme le plus précieux de tous les dépôts , à
condition qu'il sera le père de ses sujets.

III.

Sésostris avait résolu, pour abattre *leur* orgueil
(*l'orgueil des Tyriens*) , de troubler leur commerce dans toutes les mers.

CHAPITRE X.

DE L'ALINÉA.

Alinéa signifie *écrire à la ligne ;* et écrire à
la ligne signifie recommencer une ligne,
quoique celle où l'on vient de terminer une
phrase ne soit pas remplie. Pour rendre
l'alinéa plus sensible, on rentre la première
ligne un peu en dedans.

On doit faire usage de l'alinéa toutes les fois que, par la nature du sujet que l'on traite, on est obligé d'indiquer un repos plus considérable que celui qui est indiqué par le point.

EXEMPLE :

(Mort du fils d'Idoménée.)

En ce moment Idoménée, tout hors de lui et comme déchiré par les furies infernales, surprend tous ceux qui l'observent de près ; il enfonce son épée dans le cœur de cet enfant ; il la retire toute fumante et pleine de sang pour la plonger dans ses propres entrailles: il est encore une fois retenu par ceux qui l'environnent.

L'enfant tombe dans son sang ; ses yeux se couvrent des ombres de la mort ; il les entr'ouvre à la lumière ; mais à peine l'a-t-il trouvée, qu'il ne peut plus la supporter. Tel un beau lis au milieu des champs , coupé dans sa racine par le tranchant de la charrue, languit et ne se soutient plus ; il n'a point encore perdu cette vive blancheur et cet éclat qui charme les yeux, mais la terre ne le nourrit plus, et sa vie est éteinte : ainsi le fils d'Idoménée, comme une jeune et tendre fleur , est cruellement moissonné dès son premier âge.

Le père, dans l'excès de sa douleur, devient insensible ; il ne sait où il est, ni ce qu'il a fait, ni ce qu'il doit faire ; il marche chancelant vers la ville, et demande son fils.

Cependant le peuple, touché de compassion

pour l'enfant, et d'horreur pour l'action barbare du père, s'écrie que les dieux justes l'ont livré aux furies. La fureur leur fournit des armes : ils prennent des bâtons et des pierres. La discorde souffle dans tous les cœurs un venin mortel. Les Crétois, les sages Crétois, oublient la sagesse qu'ils ont tant aimée ; ils ne reconnaissent plus le petit-fils du sage Minos.

Ce morceau de Télémaque est partagé en quatre alinéa :

Le premier présente l'action du père, qui tue son fils ;

Le second présente l'état du fils tué par son père ;

Le troisième présente l'état du père après la mort de son fils ;

Et le quatrième présente la conduite du peuple à l'égard d'Idoménée, et de son fils.

AUTRE EXEMPLE :

CORNEILLE *et* RACINE *jugés par* FONTENELLE, *neveu de* CORNEILLE.

Corneille n'a eu devant les yeux aucun auteur qui ait pu le guider ; Racine a eu Corneille.

Corneille a trouvé le théâtre français très grossier, et l'a porté à un haut point de perfection ; Racine ne l'a pas soutenu dans la perfection où il l'a trouvé.

Les caractères de Corneille sont vrais, quoiqu'ils ne soient pas communs ; les caractères de Racine ne sont vrais que parcequ'ils sont communs.

Quelquefois les caractères de Corneille ont quelque chose de faux, à force d'être nobles et singuliers; souvent ceux de Racine ont quelque chose de bas, à force d'être naturels.

Quand on a le cœur noble, on voudrait ressembler aux héros de Corneille ; et quand on a le cœur petit, on est bien aise que les héros de Racine nous ressemblent.

On rapporte des pièces de l'un le desir d'être vertueux ; et des pièces de l'autre, le plaisir d'avoir des semblables dans ses faiblesses.

Le tendre et le gracieux de Racine se trouvent quelquefois dans Corneille ; le grand de Corneille ne se trouve jamais dans Racine.

Racine n'a presque jamais peint que des Français, et que le siècle présent, même quand il a voulu peindre un autre siècle et d'autres nations ; on voit dans Corneille toutes les nations et tous les siècles qu'il a voulu peindre.

Le nombre des pièces de Corneille est beaucoup plus grand que celui des pièces de Racine ; et cependant Corneille s'est beaucoup moins répété lui-même que Racine n'a fait.

Dans les endroits où la versification de Corneille est belle, elle est plus hardie, plus noble, plus forte, et en même temps aussi nette que celle de Racine ; mais elle ne se soutient pas dans ce degré de beauté, et celle de Racine se soutient toujours dans le sien.

Des auteurs inférieurs à Racine ont réussi après lui dans son genre ; aucun auteur, même Racine, n'a osé toucher, après Corneille, au genre qui lui était particulier.

AUTRE EXEMPLE :

Aristote porta sur le mécanisme des opérations de l'esprit humain, sur les principes de l'éloquence et de la poésie, le coup-d'œil juste et perçant d'un philosophe, dicta au goût et à la raison des lois auxquelles ils obéissent encore, donna le premier exemple, trop tôt oublié, d'étudier la nature dans la seule vue de la connaître, et de l'observer avec précaution comme avec méthode.

Placé dans une nation moins savante, Pline fut plutôt un compilateur de relations qu'un philosophe observateur ; mais comme il avait embrassé dans son plan tous les travaux des arts et tous les phénomènes de la nature, son ouvrage renferme les mémoires les plus précieux et les plus étendus que l'antiquité nous ait laissés pour l'histoire des progrès de l'espèce humaine.

Dans un siècle plus éclairé, M. de Buffon a réuni ses propres observations à celles que ses immenses lectures lui ont fournies ; son plan, moins étendu que celui de Pline, est exécuté d'une manière plus complète : il présente et discute les résultats qu'Aristote n'avait osé qu'indiquer.

Le philosophe grec n'a mis dans son style qu'une précision méthodique et sévère, et n'a parlé qu'à la raison.

Pline, dans un style noble, énergique et grave, laisse échapper des traits d'une imagination forte mais sombre, et d'une philosophie souvent pro-

fonde, mais presque toujours austère et mélanco-
lique.

M. de Buffon, plus varié, plus brillant, plus
prodigue d'images, joint la facilité à l'énergie ; les
graces à la majesté ; sa philosophie, avec un caractère moins prononcé, est plus vraie et moins
affligeante. Aristote semble n'avoir écrit que pour
les savants ; Pline, pour les philosophes ; M. de
Buffon, pour tous les hommes éclairés.

Aristote a été souvent égaré par cette vaine
métaphysique de mots, vice de la philosophie
grecque, dont la supériorité de son esprit ne put
entièrement le garantir.

La crédulité de Pline, a rempli son ouvrage de
fables qui jettent l'incertitude sur les faits qu'il rapporte, lors même qu'on n'est pas en droit de les
reléguer dans la classe des prodiges.

On n'a reproché à M. de Buffon que ses hypo-
thèses : ce sont aussi des espèces de fables, mais
des fables produites par une imagination active
qui a besoin de créer, et non par une imagination
passive qui cède à des impressions étrangères.

AUTRE EXEMPLE :

Il vous sera aisé, monseigneur, d'en découvrir
toutes les causes (1), si, après avoir bien compris
l'humeur des Romains et la constitution de leur
république, vous prenez soin d'observer un certain nombre d'événements principaux qui, quoique arrivés en des temps assez éloignés, ont une

---

(1) Les causes des changements de Rome.

liaison manifeste. Les voici ramassés ensemble
pour une plus grande facilité.

Romulus, nourri dans la guerre et réputé fils de
Mars, bâtit Rome, qu'il peupla de gens ramassés,
bergers, esclaves, voleurs, qui étaient venus chercher la franchise et l'impunité dans l'asile qu'il
avait ouvert à tous venants : il en vint aussi quelques uns plus qualifiés et plus honnêtes.

Il nourrit ce peuple farouche dans l'esprit de
tout entreprendre par la force ; et ils eurent par ce
moyen jusqu'aux femmes qu'ils épousèrent.

Peu-à-peu il établit l'ordre, et réprima les
esprits par des lois très saintes. Il commença par la
religion, qu'il regarda comme le fondement des
états. Il la fit aussi sérieuse, aussi grave, et aussi
modeste que les ténèbres de l'idolâtrie le pouvaient
permettre. Les religions étrangères et les sacrifices
qui n'étaient pas établis par les coutumes romaines furent défendus. Dans la suite on se dispensa
de cette loi ; mais c'était l'intention de Romulus
qu'elle fût gardée, et on en retint toujours quelque chose.

Il choisit parmi tout le peuple ce qu'il y avait
de meilleur pour en former le conseil public, qu'il
appela le sénat. Il le composa de deux cents sénateurs, dont le nombre fut encore après augmenté ;
et de là sortirent les familles nobles qu'on appelait
patriciennes : les autres s'appelaient les plébéiens,
c'est-à-dire le commun du peuple.

Le sénat devait digérer et proposer toutes les
affaires : il en réglait quelques unes souveraine-

ment avec le roi ; mais les plus générales étaient rapportées au peuple, qui en décidait.

Romulus, dans une assemblée où il survint tout-à-coup un grand orage, fut mis en pièces par les sénateurs, qui le trouvaient trop impérieux : et l'esprit d'indépendance commença dès-lors à paraître dans cet ordre.

Pour apaiser le peuple, qui aimait son prince, et donner une grande idée du fondateur de la ville, les sénateurs publièrent que les dieux l'avaient enlevé au ciel, et lui firent dresser des autels.

Numa Pompilius, second roi, dans une longue et profonde paix, acheva de former les mœurs et de régler la religion sur les mêmes fondements que Romulus avait posés.

Tullus Hostilius établit par de sévères règlements la discipline militaire et les ordres de la guerre, que son successeur Ancus Martius accompagna de cérémonies sacrées, afin de rendre la milice sainte et religieuse.

Après lui, Tarquin l'ancien, pour se faire des créatures, augmenta le nombre des sénateurs jusqu'au nombre de trois cents, où ils demeurèrent fixés durant plusieurs siècles, et commença les grands ouvrages qui devaient servir à la commodité publique.

Servius Tullius projeta l'établissement d'une république sous le commandement de deux magistrats annuels qui seraient choisis par le peuple.

En haine de Tarquin le superbe, la royauté fut abolie avec des exécrations horribles contre tous ceux qui entreprendraient de la rétablir ; et Brutus

fit jurer au peuple qu'il se maintiendrait éternellement dans sa liberté.

Les mémoires de Servius Tullius furent suivis
dans ce changement. Les consuls élus par le peuple
entre les patriciens étaient égalés aux rois, à la
réserve qu'ils étaient deux qui avaient entre eux
un tour réglé pour commander, et qu'ils chan-
geaient tous les ans.

Collatin, nommé consul avec Brutus comme
ayant été avec lui l'auteur de la liberté, quoique
mari de Lucrèce, dont la mort avait donné lieu
au changement, et intéressé plus que tous les
autres à la vengeance de l'outrage qu'elle avait
reçu, devint suspect parcequ'il était de la famille
royale, et fut chassé.

Valère, substitué à sa place, au retour d'une
expédition où il avait délivré sa patrie des Véientes
et des Étruriens, fut soupçonné par le peuple d'af-
fecter la tyrannie, à cause d'une maison qu'il faisait bâtir sur une éminence : non seulement il
cessa de bâtir, mais, devenu tout populaire quoique patricien, il établit la loi qui permet d'appeler
au peuple, et lui attribue en certains cas le jugement en dernier ressort.

A l'occasion des contraintes qui s'exécutaient
pour dettes par les riches contre les pauvres, le
peuple, soulevé contre la puissance des consuls
et du sénat, fit cette retraite fameuse au mont
Aventin.

Il ne parlait que de liberté dans ces assemblées ;
et le peuple romain ne se crut pas libre s'il n'avait

des voies légitimes pour résister au sénat. On fût contraint de lui accorder des magistrats particuliers, appelés tribuns du peuple, qui pussent l'assembler et le secourir contre l'autorité des consuls, par opposition ou par appel.

Ces magistrats, pour s'autoriser, nourrissaient la division entre les deux ordres, et ne cessaient de flatter le peuple en proposant que les terres des pays vaincus, ou le prix qui proviendrait de leur vente, fût partagé entre les citoyens.

Le sénat s'opposait toujours constamment à ces lois ruineuses pour l'état, et voulait que le prix des terres fût adjugé au trésor public.

Le peuple se laissait conduire à ses magistrats séditieux, et conservait néanmoins assez d'équité pour admirer la vertu des grands hommes qui lui résistaient.

Contre ces dissensions domestiques le sénat ne trouvait point de meilleur remède que de faire naître continuellement des occasions de guerres étrangères : elles empêchaient les divisions d'être poussées à l'extrémité, et réunissaient les ordres dans la défense de la patrie.

Pendant que les guerres réussissent et que les conquêtes s'augmentent, les jalousies se réveillent.

Les deux partis, fatigués de tant de divisions qui menaçaient l'état de sa ruine, conviennent de faire des lois pour donner le repos aux uns et aux autres, et établir l'égalité qui doit être dans une ville libre.

La jalousie, augmentée par ces prétentions, fait

qu'on résout d'un commun accord une ambassade en Grèce, pour y chercher les institutions des villes de ce pays, et surtout les lois de Solon qui étaient les plus populaires. Les lois des douze tables sont établies, et les décemvirs qui les rédigèrent furent privés du pouvoir dont ils abusaient.

Quoique l'alinéa indique ordinairement un repos plus long que le point, on peut en faire usage pour présenter d'une manière plus claire et moins confuse les détails de certaine proposition générale.

EXEMPLE :

Il faut d'abord s'attacher à un petit nombre d'époques, telles que sont dans les temps de l'histoire ancienne,

Adam, ou la création ;

Noé, ou le déluge ;

La vocation d'Abraham, ou le commencement de l'alliance de Dieu avec les hommes ;

Moïse, ou la loi écrite ;

La prise de Troie ;

Salomon, ou la fondation du temple ;

Romulus, ou Rome bâtie ;

Cyrus, ou le peuple de Dieu délivré de la captivité de Babylone ;

Scipion, ou Carthage vaincue ;

La naissance de Jésus-Christ ;

Constantin, ou la paix de l'église ;

Charlemagne, ou l'établissement du nouvel empire.

CHAPITRE XI,

CONTENANT QUELQUES EXEMPLES DANS LESQUELS ON TROUVERA L'APPLICATION DES RÈGLES DONNÉES DANS LES CHAPITRES PRÉCÉDENTS.

Comme le point d'interrogation, le point d'exclamation, les points de suspension, et le tiret, sont d'un usage moins fréquent que les autres signes, et qu'en même temps ils sont plus faciles à placer, je m'attacherai particulièrement dans ce chapitre à rapporter des exemples qui puissent faire bien sentir l'emploi de la virgule, du point virgule, et des deux points.

I.

Considérez mon Émile à vingt ans passés, bien formé, bien constitué d'esprit et de corps, fort, sain, dispos, adroit, robuste, plein de sens, de raison, de bonté, d'humanité, ayant des mœurs, du goût, aimant le beau, faisant le bien, libre de l'empire, libre des passions cruelles, exempt du joug de l'opinion, mais soumis à la loi de la sagesse et docile à la voix de l'amitié, possédant tous les talents utiles et plusieurs talents agréables, se souciant peu des richesses, portant sa ressource au bout de ses doigts, et n'ayant pas peur de manquer de pain, quoi qu'il en arrive.

II.

Il faut apprendre aux enfants à joindre ensemble dans leur mémoire les histoires semblables, afin que l'une serve à retenir l'autre. Il est bon qu'ils sachent des exemples des plus grandes armées dont il est parlé dans les livres, des grandes batailles, des grands carnages, des mortalités, des prospérités extraordinaires, des grandes infortunes, des grands capitaines du siècle passé et du siècle présent, des favoris heureux ou malheureux, des longues vies, des extravagances signalées des hommes, des grands vices et des grandes vertus, etc.

III.

Quoi de plus grand que de le voir (*l'homme de bien*) tenir, pour ainsi dire, sans cesse son ame entre ses mains, régler ses démarches, mesurer ses mouvements, ne se permettre rien d'indigne du cœur, maîtriser ses sens, les ramener au joug de la loi, arrêter la pente d'une nature toujours rapide vers le mal, étouffer mille desirs qui flattent, mille espérances qui amusent, tenir contre les séductions du commerce et la force des exemples, et, toujours maître de soi-même, ne souffrir à son cœur aucune bassesse capable de déshonorer un héritier du ciel?

IV.

Figurez-vous un malheureux homme accablé de toutes les disgraces de la fortune, troublé par la perte de ce qu'il a aimé le plus chèrement, accoutumé depuis quarante ans à pleurer et à gémir, sans cesse inquiet, distrait, agité, desirant la mort comme l'unique remède de ses peines, et la craignant néanmoins comme la fin d'une longue vie qui n'a pas toujours été innocente; un homme dont toutes les pensées sont lugubres et tous les sentiments douloureux.

V.

Simonide mérita l'estime des rois, des sages, et des grands hommes de son temps. De ce nombre furent Hipparque, qu'Athènes aurait adoré, si Athènes avait pu souffrir un maître; Pausanias, roi de Lacédémone, que ses succès contre les Perses avait élevé au comble de l'honneur et de l'orgueil; Alévas, roi de Thessalie, qui effaça la gloire de ses prédécesseurs, et augmenta celle de sa nation; Hiéron, qui commença par être le tyran de Syracuse et finit par en être le père; Thémistocle enfin, qui n'était pas roi, mais qui avait triomphé du plus puissant des rois.

VI.

Quant aux productions de la Laconie, nous observerons qu'on y trouve quantité de plantes dont la médecine fait usage; qu'on y recueille un blé léger et peu nourrissant; qu'on y doit fréquemment arroser les figuiers, sans craindre de nuire à la bonté du fruit; que les figues y mûrissent plus tôt qu'ailleurs; enfin que sur les côtes de la Laconie ainsi que sur celles de Cythère, il se fait une pêche abondante de ces coquillages d'où l'on tire une teinture de pourpre fort estimée, et approchante du couleur de rose.

VII.

On apporte de Panticapée et des différentes
côtes du Pont-Euxin des bois de construction, des
esclaves, de la saline, du miel, de la cire, de la
laine, des cuirs, et des peaux de chèvres ; de
Byzance et de quelques autres cantons de la Thrace
et de la Macédoine, du poisson salé, des bois de
charpente et de construction ; de la Phrygie et de
Milet, des tapis, des couvertures de lits, et de ces
belles laines dont on fabrique des draps ; des îles
de la mer Égée, du vin et toutes les espèces de
fruits qu'elles produisent ; de la Thrace, de la
Thessalie, de la Phrygie, et de plusieurs autres
pays, une assez grande quantité d'esclaves.

VIII.

La nature est presque toujours en opposition
avec les lois, parcequ'elle travaille au bonheur de
chaque individu sans relation avec les autres, et
que les lois ne statuent que sur les rapports qui les
unissent ; parcequ'elle diversifie à l'infini nos caractères et nos penchants, tandis que l'objet des lois
est de les ramener, autant qu'il est possible, à l'unité.
Il faut donc que le législateur, chargé de détruire
ou du moins de concilier ces contrariétés, regarde
la morale comme le ressort le plus puissant et la
partie le plus essentielle de la politique ; qu'il s'empare de l'ouvrage de la nature presque au moment
qu'elle vient de le mettre au jour ; qu'il ose en
retoucher la forme et les proportions ; que, sans
effacer les traits originaux ; il les adoucisse ; et

qu'enfin l'homme indépendant ne soit plus, en sortant de ses mains, qu'un citoyen libre.

IX.

Cette figure couverte d'une cuirasse et d'une cotte d'armes fut envoyée par ceux d'Andros, et représente Andréus, leur fondateur. Les Phocéens ont consacré cet Apollon, ainsi que cette Minerve et cette Diane ; ceux de Pharsale en Thessalie, cette statue équestre d'Achille ; les Macédoniens, cet Apollon qui tient une biche ; les Cyrénéens, ce char dans lequel Jupiter paraît avec la majesté qui convient au maître des dieux ; enfin les vainqueurs de Salamine, cette statue de douze coudées qui tient un ornement de navire, et que vous voyez auprès de la statue dorée d'Alexandre, roi de Macédoine.

X.

L'esprit orné de connaissances utiles, et depuis long-temps exercé à la réflexion, Xénophon écrivit pour rendre les hommes meilleurs en les éclairant : et tel était son amour pour la vérité, qu'il ne travailla sur la politique qu'après avoir approfondi la nature des gouvernements ; sur l'histoire, que pour raconter des faits qui, pour la plupart, s'étaient passés sous ses yeux ; sur l'art militaire, qu'après avoir servi et commandé avec la plus grande distinction ; sur la morale, qu'après avoir pratiqué les leçons qu'il en donnait aux autres.

XI.

On ne se contente pas ici d'attaquer publiquement ceux qui trahissent leur patrie, ou qui sont coupables d'impiété, de sacrilége, et d'incendie : on peut poursuivre de la même manière le général qui n'a pas fait tout ce qu'il devait ou pouvait faire ; le soldat qui fuit l'enrôlement ou qui abandonne l'armée ; l'ambassadeur, le magistrat, le juge, l'orateur, qui ont prévariqué dans leur ministère ; le particulier qui s'est glissé dans l'ordre des citoyens sans en avoir les qualités, ou dans l'administration malgré les raisons qui devaient l'en exclure ; celui qui corrompt ses juges, qui pervertit la jeunesse, qui garde le célibat, qui attente à la vie ou à l'honneur d'un citoyen ; enfin toutes les actions qui tendent plus spécialement à détruire la nature du gouvernement ou la sûreté des citoyens.

XII.

Vous concevez déjà pourquoi il nous est défendu de marier nos filles dans un âge prématuré ; pourquoi elles ne sont point élevées à l'ombre de leurs toits rustiques, mais sous les regards brûlants du soleil, dans la poussière du gymnase, dans les exercices de la lutte, de la course, du javelot, et du disque : comme elles doivent donner des citoyens robustes à l'état, il faut qu'elles se forment une constitution assez forte pour la communiquer à leurs enfants.

XIII.

On a beaucoup discuté sur l'origine des fables. Durocher l'a cherchée dans l'histoire sacrée ; Banier, dans celle des premiers personnages qui se sont acquis une réputation dans le monde : Noël Le Comte en a tenté l'explication par la morale ; Bergier, par la physique ; Rabaud de Saint-Étienne, par la géographie ; Dupuis, par l'astronomie ; Pluche, par l'écriture symbolique ; Court-de-Gebelin, par l'agriculture.

XIV.

La théorie générale du globe que nous habitons, la disposition, la nature et l'origine des substances qu'il offre à nos regards, les grands phénomènes qui s'opèrent à sa surface ou dans son sein ; l'histoire de l'homme et les lois qui président à sa formation, à son développement, à sa vie, à sa destruction ; la nomenclature et la description des quadrupèdes ou des oiseaux, l'examen de leurs facultés, la peinture de leurs mœurs : tels sont les principaux objets que M. de Buffon a traités.

XV.

On peut diviser en deux classes les grands écrivains dont les ouvrages excitent une admiration durable, et sont lus encore lorsque les idées qu'ils renferment, rendues communes par cette lecture même, ont perdu leur intérêt et leur utilité. Les uns doués d'un tact fin et sûr, d'une ame sensible, d'un esprit juste, ne laissent dans leurs ouvrages rien qui ne soit écrit avec clarté, avec noblesse, avec élégance, avec cette propriété de termes, cette précision d'idées et d'expressions qui permet au lecteur d'en goûter les beautés sans fatigue, sans qu'aucune sensation pénible vienne troubler son plaisir.

Quelque sujet qu'ils traitent, quelques pensées qui naissent dans leur esprit, quelque sentiment qui occupe leur ame, ils l'expriment tel qu'il est avec toutes ses nuances, avec toutes les images qui l'accompagnent: ils ne cherchent point l'expression, elle s'offre à eux; mais ils savent en éloigner tout ce qui nuirait à l'harmonie, à l'effet, à la clarté: tels furent Despréaux, Racine, Fénélon, Massillon, Voltaire. On peut sans danger les prendre pour modèles: comme le grand secret de leur art est de bien exprimer ce qu'ils pensent ou ce qu'ils sentent, celui qui l'aura saisi dans leurs ouvrages, qui aura su se le rendre propre, s'approchera d'eux, si ses pensées sont dignes des leurs; l'imitation ne paraîtra point servile si les idées sont à lui, et il ne sera exposé ni à contracter des défauts, ni à perdre de son originalité.

Dans d'autres écrivains, le style paraît se confondre davantage avec les pensées. Non seulement, si on cherche à les séparer, on détruit les beautés, mais les idées elles-mêmes semblent disparaître, parceque l'expression leur imprimait le caractère particulier de l'ame et de l'esprit de l'auteur, caractère qui s'évanouit avec elles: tels furent Corneille, Bossuet, Montesquieu, Rousseau; tel fut M. de Buffon.

Ils frappent plus que les autres, parcequ'ils ont une originalité plus grande et plus continue; parce que, moins occupés de la perfection et des qualités du style, ils voilent moins leurs hardiesses; parcequ'ils sacrifient moins l'effet au goût et à la raison ; parceque leur caractère, se montrant sans cesse dans leurs ouvrages, agit à la longue plus fortement et se communique davantage : mais en même temps ils peuvent être des modèles dangereux. Pour imiter leur style, il faudrait avoir leurs pensées, voir les objets comme ils les voient, sentir comme ils sentent : autrement, si le modèle vous offre des idées originales et grandes, l'imitateur vous présentera des idées communes, chargées d'expressions extraordinaires ; si l'un ôte aux vérités abstraites leur sécheresse en les rendant par des images brillantes, l'autre présentera des demi-pensées que des métaphores bizarres rendent inintelligibles.

XVI.

Oui, pour le malheur de la France, le prince que nous pleurons se vit mêlé dans un parti que la discorde avait formé. D'autres, plus éclairés que moi, ont appréhendé de toucher ce point de son histoire ; et moi, pour l'intérêt de mon ministère, je me suis senti inspiré de m'y arrêter : car j'ose dire que jamais point d'histoire ne fut plus propre à vous faire voir ce que peut la droiture d'un cœur dans l'extrémité des disgraces humaines, ni plus propre à imprimer dans vos esprits la grande maxime non seulement de la véritable politique, mais de la pure religion, qui consiste dans l'inviolable attachement que l'on doit avoir pour les puissances établies de Dieu, et pour ceux en qui réside l'autorité légitime, ou qui en sont les dépositaires ; et je ne crains pas que le zèle que vous avez pour la gloire du héros dont nous parlons vous fasse supporter avec peine cette morale, puisque c'est de la droiture même de son cœur et de la pureté de ses sentiments que j'en vais tirer les preuves les plus convaincantes.

XVII.

Ne compter pour rien les travaux de l'enfance, et commencer les sérieuses, les véritables études dans le temps où nous les finissons; regarder la jeunesse, non comme un âge destiné par la nature au plaisir et au relâchement, mais comme un temps que la vertu consacre au travail et à l'application; négliger le soin de ses biens, de sa fortune, de sa santé même, et faire de tout ce que les hommes chérissent le plus un digne sacrifice à l'amour de la science et à l'ardeur de s'instruire; devenir invisible pour un temps, se réduire soi-même dans une captivité volontaire, et s'ensevelir tout vivant dans une profonde retraite, pour y préparer de loin des armes toujours victorieuses : voilà ce qu'ont fait les Démosthène et les Cicéron.

XVIII.

Que l'on se représente un de ces orateurs que Cicéron appelle véhéments et en quelque sorte tragiques, qui, emportés par une éloquence passionnée, s'élèvent au-dessus des règles et des modèles, et portent l'art à toute la hauteur de leur propre génie; un orateur qui monte au haut des cieux, d'où il descend avec ses vastes pensées pour s'asseoir sur les bords d'un tombeau, et abattre l'orgueil des princes et des rois devant le Dieu qui, après les avoir distingués un moment sur la terre, les confond à jamais dans la poussière commune ; un écrivain qui se crée une langue aussi nouvelle que ses idées, qui donne à ses expressions un tel caractère d'énergie qu'on croit l'entendre quand on le lit, et à son style une telle majesté d'élocution que l'idiome dont il se sert semble se transformer et s'agrandir sous sa plume ; un apôtre qui instruit l'univers en célébrant les plus illustres de ses contemporains qu'il rend eux-mêmes, du fond de leur cercueil, les prédicateurs de tous les siècles, qui répand la consternation en rendant, pour ainsi dire, présents les malheurs qu'il raconte, et qui, en déplorant le malheur d'un seul homme, montre à découvert le néant de la nature humaine ; enfin, un orateur dont les discours, animés par le génie le plus ardent et le plus original, sont en éloquence des ouvrages classiques qu'il faut étudier sans cesse, comme dans les arts on va former son goût à Rome sur les chefs-d'œuvre de Raphaël et de Michel-Ange : voilà le Démosthène français ! voilà Bossuet !

XIX.

Employer des mots amphibologiques ou des circonlocutions inutiles ; placer mal à propos les conjonctions qui lient les membres d'une phrase ; confondre le pluriel avec le singulier ; n'avoir aucun égard à la distinction établie, dans ces derniers temps, entre les noms masculins et les noms féminins ; désigner par le même terme les impressions que reçoivent deux de nos sens, et appliquer le verbe *voir* aux objets de la vue et de l'ouïe ; distribuer au hasard, à l'exemple d'Héraclite, les mots d'une phrase de manière qu'un lecteur ne puisse pas deviner la ponctuation de l'auteur : tous ces défauts concourent également à l'obscurité du style.

XX.

Je ne vous dirai pas que, né avec les plus heureuses dispositions, il fit les plus rapides progrès dans la carrière des sciences et des arts ; qu'on le vit, dès sa tendre jeunesse, dévorer les ouvrages des philosophes , se délasser dans ceux des poètes , s'approprier les connaissances de tous les pays et de tous les temps : ce serait le louer comme on loue le commun des grands hommes. Ce qui le distingue , c'est le goût et le génie de l'observation ; c'est d'allier dans les recherches l'activité la plus surprenante avec la constance la plus opiniâtre ; c'est encore cette vue perçante , cette sagacité extraordinaire qui le conduit dans un instant, aux résultats, et qui ferait croire souvent que son esprit agit plutôt par instinct que par réflexion ; c'est enfin d'avoir conçu que tout ce que la nature et l'art présentent à nos yeux n'est qu'une suite immense de faits tenant tous à une chaîne commune , souvent trop semblables pour n'être pas facilement confondus , et trop différents pour ne devoir pas être distingués.

XXI.

Quoique la peinture n'ait pas à beaucoup près la même force que la réalité , il n'en est pas moins vrai que ses tableaux sont des scènes où j'assiste ; ses images, des exemples qui s'offrent à mes yeux. La plupart des spectateurs n'y cherchent que la fidélité de l'imitation et l'attrait d'une situation passagère ; mais les philosophes y découvrent souvent, à travers les prestiges de l'art, le germe d'un poison caché. Il semble, à les entendre, que nos vertus sont si pures ou si faibles, que le moindre souffle de la contagion peut les flétrir ou les détruire : aussi, en permettant aux jeunes gens de contempler à loisir les tableaux de Denys, les exhortent-ils à ne pas arrêter leurs regards sur ceux de Pauson, à les ramener fréquemment sur ceux de Polygnote. Le premier a peint les hommes tels que nous les voyons : son imitation est fidèle, agréable à la vue, sans danger, sans utilité pour les mœurs. Le second, en donnant à ses personnages des caractères et des fonctions ignobles, a dégradé l'homme ; il l'a peint plus petit qu'il n'est : ses images ôtent à l'héroïsme son éclat, à la vertu sa dignité. Polygnote, en représentant les hommes plus grands et plus vertueux que nature, élève nos pensées et nos sentiments vers des modèles sublimes, et laisse fortement empreinte dans nos ames l'idée de la beauté morale avec l'amour de la décence et de l'ordre.

XXII.

Philotime lui demanda ensuite ce qu'il pensait d'un jeune homme qui, dans ses paroles et dans son habillement, n'observait aucun des égards dus à la société. Tous ses camarades l'approuvent, dit Lysis. Et tous les gens sensés le condamnent, répliqua Philotime. Mais, reprit Lysis, par ces personnes sensées, entendez-vous ces vieillards qui ne connaissent que leurs anciens usages, et qui, sans pitié pour nos faiblesses, voudraient que nous fussions nés à l'âge de quatre-vingts ans? Ils pensent d'une façon, et leurs petits-enfants d'une autre : qui les jugera? Vous-même, dit Pilotime. Sans rappeler ici le respect et la tendresse que nous devons aux auteurs de nos jours, je suppose que vous êtes obligé de voyager en des pays lointains : choisirez-vous un chemin sans savoir s'il est praticable, s'il ne traverse pas des déserts immenses, s'il ne conduit pas chez des nations barbares, s'il n'est pas en certains endroits infesté par des brigands? — Il serait imprudent de s'exposer à de pareils dangers : je prendrais un guide. — Lysis, observez que les vieillards sont parvenus au terme de la carrière que vous allez parcourir ; carrière si difficile et si dangereuse. Je vous entends, dit Lysis : j'ai honte de mon erreur.

XXIII.

Après avoir, du haut de la colline, parcouru des yeux, et ces belles campagnes qui se prolongent vers le midi, et ces monts sourcilleux qui bornent la Laconie au couchant, nous nous assîmes en face de la ville de Sparte. J'avais à ma droite Damonax, à ma gauche Philotas, qui daignait à peine fixer ses regards sur ces amas de chaumières irrégulièrement rapprochées. Tel est cependant, lui dis-je, l'humble asile de cette nation où l'on apprend de si bonne heure l'art de commander, et l'art plus difficile d'obéir. Philotas me serrait la main et me faisait signe de me taire. J'ajoutai : D'une nation qui ne fut jamais enorgueillie par les succès, ni abattue par les revers. Philotas me disait à l'oreille : Au nom des dieux, ne me forcez pas à parler : vous avez déjà vu que cet homme n'est pas en état de me répondre. Je continuai : Qui a toujours eu l'ascendant sur les autres ; qui défit les Perses, battit souvent les généraux d'Athènes, et finit par s'emparer de leur capitale ; qui n'est ni frivole, ni inconséquente, ni gouvernée par des orateurs corrompus ; qui dans toute la Grèce..... Est souverainement détestée pour sa tyrannie, et méprisée pour ses vices, s'écria Philotas. Et tout de suite, rougissant de honte : Pardonnez, dit-il à Damonax, ce mouvement de colère à un jeune homme qui adore sa patrie, et qui ne souffrira jamais qu'on l'insulte.

XXIV.

Si la poésie, la géométrie, l'astronomie, et généralement toutes les sciences, tendent plus ou moins rapidement à leur perfection, lorsque la morale semble à peine sortir du berceau, c'est que les hommes, forcés, en se rassemblant en société, de se donner et des lois et des mœurs, ont dû se faire un système de morale avant que l'observation leur en eût découvert les vrais principes. Le système fait, l'on a cessé d'observer : aussi nous n'avons, pour ainsi dire, que la morale de l'enfance du monde ; et comment la perfectionner ?

CHAPITRE XII.

PHRASES A PONCTUER.

1. On les accoutumait à sauter sans aide sur le cheval à lancer des traits à franchir des fossés à grimper sur des hauteurs à courir sur un terrain en pente à s'attaquer à se poursuivre à faire toutes sortes d'évolutions tantôt séparément de l'infanterie tantôt conjointement avec elle

2. C'est dans cet heureux séjour que Xénophon avait composé la plupart de ses ouvrages et que depuis une longue suite d'années il coulait des jours consacrés à la philosophie à la bienfaisance à l'agriculture à la chasse à tous les exercices qui entretiennent la liberté de l'esprit et la santé du corps

3. Quand il est question d'un meurtre le second des archontes fait les informations les porte à l'Aréopage se mêle parmi les juges et prononce avec eux les peines que prescrivent des lois gravées sur une colonne

4. Après avoir traversé une basse-cour peuplée de poules de canards et d'autres oiseaux domestiques nous visitâmes l'écurie la bergerie ainsi que le jardin des fleurs où nous vîmes successivement briller les narcisses les jacinthes les anémones les

iris les violettes de différentes couleurs les roses de diverses espèces et toutes sortes de plantes odoriférantes

5. Les pierres précieuses les perles l'ambre l'ivoire la porcelaine l'or l'argent les étoffes de soie et de coton l'indigo le sucre les épiceries les bois précieux les aromates les beaux vernis tout ce qui peut ajouter aux délices de la vie y était apporté des diverses contrées de l'Orient

6. Les grandes îles qui composent cet empire placées sous un ciel orageux environnées de tempêtes agitées par des volcans sujettes à ces grands accidents de la nature qui impriment la terreur étaient remplies d'un peuple que la superstition dominait

7. Il assemble une forte armée tombe sur l'Illyrie s'empare de plusieurs villes fait un butin immense revient en Macédoine pénètre en Thessalie où l'appellent ses partisans la délivre de tous ces petits tyrans qui l'opprimaient la partage en quatre grands districts place à leur tête les chefs qu'elle desire et qui lui sont dévoués s'attache par de nouveaux liens les peuples qui l'habitent se fait confirmer les droits qu'il percevait dans leurs ports et retourne paisiblement dans ses états.

8. Cet homme fils de la nature proclama les lois de sa mère s'arma pour les soutenir réveilla ses compatriotes endormis sous le poids des fers mit dans leurs mains le soc des charrues changé par lui en glaive des héros vainquit dispersa les cohortes que lui opposaient les tyrans et dans un siècle bar-

bare dans des rochers presque inhabitables sut fonder une retraite à ces deux filles du ciel consolatrices de la terre à la raison à la vertu

9. Ce que nous estimons c'est la santé la frugalité la liberté la vigueur de corps et d'esprit c'est l'amour de la vertu la crainte des dieux le bon naturel pour nos proches l'attachement à nos amis la fidélité pour tout le monde la modération dans la prospérité la fermeté dans les malheurs le courage pour dire la vérité l'horreur de la flatterie

10. Socrate ne se flattait pas que sa doctrine serait goûtée des Athéniens pendant que la guerre du Péloponèse agitait les esprits et portait la licence à son comble mais il présumait que leurs enfants plus dociles la transmettraient à la génération suivante

11. On vit donc un simple particulier sans naissance sans crédit sans aucune vue d'intérêt sans aucun desir de la gloire se charger du soin pénible et dangereux d'instruire les hommes et de les conduire à la vertu par la vérité on le vit consacrer sa vie tous les moments de sa vie à ce glorieux ministère l'exercer avec la chaleur et la modération qu'inspire l'amour éclairé du bien public et soutenir autant qu'il lui était possible l'empire chancelant des lois et des mœurs

12. En continuant de raser la côte jusqu'au fond du golfe de Messénie nous vîmes à Mothone un puits dont l'eau naturellement imprégnée de particules de poix a l'odeur et la couleur du baume de Cyzique à Colonides des habitants qui sans

avoir ni les mœurs ni la langue des Athéniens pré-
tendent descendre de ce peuple parcequ'auprès
d'Athènes est un bourg nommé Colone plus loin
un temple d'Apollon aussi célèbre qu'ancien où
les malades viennent chercher et croient trouver
leur guérison plus loin encore la ville de Coronée
récemment construite par ordre d'Épaminondas,
enfin l'embouchure du Pamisus où nous entrâmes
à pleines voiles

13. S'il voit régner la discorde entre ses camarades il cherche à les réconcilier s'il voit des affli-
gés il s'informe du sujet de leurs peines s'il voit
deux hommes se haïr il veut connaître la cause de
leur inimitié s'il voit un opprimé gémir des vexations du puissant et du riche il cherche de quelles
manœuvres se couvrent ces vexations et dans l'intérêt qu'il prend à tous les misérables les moyens
de finir leurs maux ne sont jamais indifférents
pour lui

14. Premièrement ces empires ont pour la
plupart une liaison nécessaire avec l'histoire du
peuple de Dieu Dieu s'est servi des Assyriens et
des Babyloniens pour châtier ce peuple des Perses
pour le rétablir d'Alexandre et de ses premiers
successeurs pour le protéger d'Antiochus l'illustre
et de ses successeurs pour l'exercer des Romains
pour soutenir sa liberté contre les rois de Syrie qui
ne songeaient qu'à le détruire

15. Tous les objets que je voyais me semblaient
les garants de ma prochaine félicité dans les maisons
j'imaginais des festins rustiques dans les prés de folâ-

tres jeux le long des eaux les bains les promenades la pêche sur les arbres des fruits délicieux sous leur ombre de voluptueux tête-à-tête sur les montagnes des cuves de lait et de crême une oisiveté charmante la paix la simplicité le plaisir d'aller sans avoir où

16. Nous n'avons ni l'ouvrage d'Éphore qui donnait à la mora cinq cents hommes ni celui de Callisthène qui lui en donnait sept cents ni l'endroit de Polybe où il la portait jusqu'à neuf cents mais nous ne craignons pas d'avancer que leurs calculs n'avaient pour objet que des cas particuliers et que Diodore de Sicile ne s'est pas expliqué avec assez d'exactitude lorsqu'il a dit absolument que chaque mora était composée de cinq cents hommes

17. De là ces haines et ces guerres nationales qui ont divisé pendant si long-temps la Thessalie la Béotie l'Arcadie et l'Argolide elles n'affligèrent jamais l'Attique ni la Laconie l'Attique parceque ses habitants vivent sous les mêmes lois comme citoyens de la même ville la Laconie parceque les siens furent toujours retenus dans la dépendance par la vigilance active des magistrats de Sparte et la valeur connue des Spartiates

18. Il décrira en tout ou en partie ce qui existe et ce qui s'opère dans les cieux dans l'intérieur et sur la surface de notre globe dans les cieux les météores les distances et les révolutions des planètes la nature des astres et des sphères auxquelles ils sont attachés dans le sein de la terre les fossiles les minéraux les secousses violentes qui bouleversent le globe sur la surface les mers les fleuves les plantes les animaux

19. Je ne vous fais pas de compliment sur la prise de Philisbourg vous aviez une bonne armée une excellente artillerie et Vauban je ne vous en fais pas non plus sur les preuves que vous avez données de bravoure et d'intrépidité ce sont des vertus héréditaires dans votre maison mais je me réjouis avec vous de ce que vous êtes libéral généreux humain faisant valoir les services d'autrui et oubliant les vôtres c'est sur quoi je vous fais mon compliment

20. Je ne pourrais en quatre pages d'écriture répondre aux lignes que je reçois de vous monsieur je n'ai jamais rien vu de si joli de si galant comment faites-vous pour rendre si agréable un compliment si commun si trivial si répété expliquez-le-moi je vous en prie désespérée de ces lettres de bonne année il me prend envie de souhaiter toutes sortes de guignons à ceux à qui j'écris afin de varier un peu la phrase je n'ai pas la force de commencer par vous ainsi monsieur apprenez que je vous souhaite de bonnes années sans nombre tous les bonheurs que vous méritez et que je suis avec un attachement très parfait etc

21. L'assemblée générale qui conduit les opérations de la compagnie est composée des directeurs de toutes les chambres Amsterdam en nomme huit la Zélande quatre les autres chambres un chacune et l'état un seul

22. Les Musagètes adoraient le Tanaïs et les Palus-Méotides les Phrygiens de la ville de Celène le Méandre et le Marsias les habitants de la vallée de Tempée le Pénée les Troyens le Scamandre les

Smyrnéens le Mélès les Amazones le Thermodon
les Arcadiens le Ladon les Romains le Tibre les
Germains le Rhin les Scythes le Danube etc.

23. La sincérité me paraît l'expression de la
vérité la franchise une sincérité sans voiles la candeur une sincérité douce l'ingénuité une sincérité
innocente l'innocence une pureté sans tache

24. Le vrai courage est une des qualités qui
supposent le plus de grandeur d'ame j'en remarque
beaucoup de sortes un courage contre la fortune
qui est philosophie un courage contre les misères
qui est patience un courage à la guerre qui est
valeur un courage dans les entreprises qui est hardiesse un courage fier et téméraire qui est audace
un courage contre l'injustice qui est fermeté un
courage contre le vice qui est sévérité un courage
de réflexion de tempérament etc.

25. La nature est le système des lois établies par
le Créateur pour l'existence des choses et pour la
succession des êtres la Nature n'est point une
chose car cette chose serait tout la Nature n'est
point un être car cet être serait Dieu mais on peut
la considérer comme une puissance vive immense
qui embrasse tout qui anime tout et qui subor-
donnée à celle du premier être n'a commencé
d'agir que par son ordre et n'agit encore que par
son concours ou son consentement

FIN.

BIBLIOTHÈQUE ROYALE

BIBLIOTHEQUE NATIONALE DE FRANCE

3 7531 03268316 2

www.ingramcontent.com/pod-product-compliance
Ingram Content Group UK Ltd.
Pitfield, Milton Keynes, MK11 3LW, UK
UKHW021222140726
13695UKWH00002B/702